大学生创业模拟实训教程
——基于"约创"云平台

宋云龙　李储东　编著

清华大学出版社

北京交通大学出版社

·北京·

图书在版编目（CIP）数据

大学生创业模拟实训教程：基于"约创"云平台/宋云龙，李储东编著.—北京：北京交通大学出版社：清华大学出版社，2020.6

ISBN 978-7-5121-4240-4

Ⅰ.①大…　Ⅱ.①宋…②李…　Ⅲ.①大学生－创业－高等学校－教材　Ⅳ.① G647.38

中国版本图书馆 CIP 数据核字（2020）第 103183 号

大学生创业模拟实训教程——基于"约创"云平台
DAXUESHENG CHUANGYE MONI SHIXUN JIAOCHENG——JIYU "YUECHUANG" YUNPINGTAI

责任编辑：许啸东

出版发行：清华大学出版社　　邮编：100084　电话：010-62776969　http://www.tup.com.cn
　　　　　北京交通大学出版社　邮编：100044　电话：010-51686414　http://www.bjtup.com.cn
印刷者：北京鑫海金澳胶印有限公司
经　销：全国新华书店
开　本：185mm×260mm　　印张：11.5　　字数：288千字
版印次：2020年6月第1版　2020年6月第1次印刷
印　数：1~2000册　　　定价：42.00元

序　言

为贯彻落实教育部《高等职业教育创新发展行动计划（2015—2018年）》文件精神，大力推动职业院校改革发展创新创业教育课程，提升职业院校学生创新创业能力和职业转换能力，本书基于"约创"教育云平台，应用互联网和云技术，抓住大学生创新创业实践对商业环境、企业运营、岗位职责的认知需求，基于商业场景模拟开展适合院校教学的企业经营管理思维训练，让学生在"做"中学，通过实践产生对相关知识和技能的需求，切入创业教育能力培养和素质训练的核心，并以实践模拟、角色扮演、协同执行的线上和线下教学多位一体的教学模式，让学生实现知识掌握、动手实践、素质养成的多重收获，并对创业关键点有所感悟，做到提前认知企业、感知创业。

本书以新道科技股份有限公司提供的部分资料和北京经济管理职业学院举办的北京市第一届、第二届大学生创业模拟大赛的有关资料为基础，借鉴"有效课堂"的整体课程设计思路，利用"约创"云平台提供的虚拟企业为载体，以模拟企业的真实运作为背景，把学生带入一个仿真的企业运营情境之中。教学的目的不只是让学生学会企业运营的一般性操作过程，还要让学生懂得规则，知道这些规则背后的真实含义和相关的理论知识与技能。因此，我们在构思本书整体框架时，需要考虑怎样把角色—任务—知识—技能和企业经营操作的实际流程多重因素有机地整合在一起，既保证知识体系的相关性和完整性，也兼顾到实际运营过程的顺序性，这是一种全新而又大胆的尝试。希望通过本书及相关的教学实践，能够真正提高学生们的学习兴趣。带着问题去学，去查书，去问老师，真正达到快乐学习，将传统课堂翻转过来的目标。

北京经济管理职业学院致力于高职教育十余年，有着丰富的教学改革经验和强大的师资教学力量。学院与新道科技股份有限公司的合作可以说是强强联合，双方都能很好地发挥出各自的优势，弥补各自的不足。这种合作最明显的效果就是学生受益、课堂活跃、教学效果明显提高。

本书在编写过程中得到了新道科技股份有限公司有关领导和技术人员的无私帮助，也得到了北京经济管理职业学院有关领导和同事的无私帮助，在此一并表示感谢。

编者

2019年6月

目　录

第1章
"约创"创业模拟实训简介

1.1 新道科技与"约创"云平台

1.1.1 新道科技

新道科技股份有限公司（简称新道科技）是亚太地区领先的企业管理软件、企业互联网服务提供商——用友集团的重要成员企业。公司依托网络信息技术平台，面向本科院校、职业院校经管类专业提供实践教学解决方案，以泛经管人才培养为目标，与院校共同打造在实践中培育人才的能力，服务于中国教育事业，服务于中国产业发展的需要。

作为"创新创业教育与商科实践教学全球领航者"，新道科技凭借先进的实践育人理念、双赢的产教融合模式、开放的实践教学平台、强大的教育服务体系，与全国多所院校及社会机构开展合作，为一线企业输送了大量熟悉业务、掌握工具、擅长沟通的管理与信息化人才。

1.1.2 "约创"云平台简介

"约创"互联网＋创新创业实践教育云平台（简称"约创"云平台）是新道科技在新道原企业经营模拟训练系统的基础之上，吸收了众多经营类软件的优点，让学生在互联网上随时随地以游戏般的方式体验到一个企业的建立与发展所需要的方方面面，体验到企业经营管理的整个流程，体验到企业在残酷的市场竞争环境下生存、发展的过程以及为此而必须把握住的一些管理原则和战略决策。该平台与其他经营管理模拟系统相比具有以下特点。

（1）系统以小批量定制为生产经营的基本模式。这对于一般的经营模拟平台来说是更加不容易实现的。

（2）系统设立了时间轴，系统时间实时变化，在不同的时间节点必须完成相应的操作。与真实的系统一样，超过时间节点没有完成操作则产生违约，相应地，将造成一系列后果。这就使得整个模拟过程非常仿真，是真实经营过程的完整压缩版。

（3）违约不只产生扣款罚金，"约创"云平台还设立了一套信誉度评价系统，对各种违规操作进行非常精细的计分评价，并影响到最终的经营结果（成绩）。

（4）"约创"云平台可以通过不同形式对学生或其他使用者提供服务。比如，俱乐

1

部预约自由组队定时自动开赛模式；实训模式——由教师随课堂进程完美控制进度；也可以实现本地化并自主设计并上传赛题，有针对性地进行训练或组织正式比赛或校内赛。

"约创"云平台可以面向本科、职业类院校各专业学生作为通识教育平台，或作为创新创业教育实践训练平台，同时增加了更多外围服务体系，更贴近现实，能为学生提供更多学习、竞技、求职、创业、社交的机会。"约创"云平台力争为在校大学生打造一个绿色教育竞技生态平台，让学生在竞技中体验创业的艰辛，在竞技中发现问题，自主寻找解决问题的方法，在实践中学习经营管理的精髓。由于学生在模拟经营过程中可以积累到平时许多年才可能学习到管理经验，学生的阅历得到迅速充实，这对学生的就业是非常有好处的。

总之，"约创"云平台作为承载通识教育和创新创业实践教育的平台具有非常大的平台优势和技术优势。

1.2 "约创"云平台人才培养解决方案

"约创"云平台是一个高仿真的互联网＋实践教育云平台，学生通过角色扮演、参与情景模拟和竞争博弈得到一种与众不同的体验。学生可以在高度仿真的市场竞争环境中直接参与到虚拟"企业"的经营活动之中，体验作为经营管理者的权力、责任与风险，体验创办一个企业的艰辛和经营一个企业的不容易。学生们会在实践中逐步熟悉企业的采购、研发、生产、销售、计划、财务核算、筹资与投资管理等各方面的运作流程，通过在"做"中学，不断提升自己的业务能力，增长知识和实用技能，同时，也可以培养出团队协作的精神。

"约创"云平台通过平台所具备的多种模式为广大院校的教师们提供企业创业模拟实训的多样化服务，以满足不同的需要。通过平台的模拟实训，可以让学生们在短时间内体验到企业经营管理的全过程。学生们可以设身处地地以企业主要经营管理者的身份直接参与企业的决策过程，并形成博弈，在高度仿真的市场环境中互为对手，激烈对抗。既提高了学生们学习的兴趣，同时也实现了寓教于乐，快乐学习，是加强校企合作，加快实验教学课程体系建设，实现创新、创业人才培养的有效手段。"约创"云平台能够补充并完善原有实践教学体系，探索出一种适应互联网时代的全新的人才培养模式。

1.2.1 "约创"云平台的产品特点

"约创"云平台分为教学板块、竞技场板块（竞赛）、俱乐部、个人中心等几个部分。

1. 教学板块

（1）教学课程体系：包含管理、财务、生产、营销、供应链、创新创业等各个方面的基础专业知识点内容，经营策略分析内容，完整的不同规则状态下的授课案例。

（2）实践课程体系：包含不同组别的多种教学方案及教学规则及教学订单自定义制作工具。

（3）灵活的自定义教学系统：老师可以自行编辑课程授课教学资源上传到平台；制订教学计划与教学方案；编辑实践训练内容；定义在线作业形式、内容及评分标准；控制实践教学的时间进度。

（4）直观的教学评价系统：老师可以随时查看班级学生的学习、实践、作业完成进度情况及结果，并自行给予学生评价成绩；学生也可以随时查看自己的学习完成情况。

（5）便捷的教学管理：随课堂的签到，避免学生找人代签的情况；随时在线的答疑及社群，很好解答学生的提问；简单方便，一目了然的班级管理。

（6）清晰的教学大数据呈现：随时统计呈现各个学校的授课班级、实训人数、实训时长；清晰呈现出每位老师贡献的资源数量。

2. 竞技场板块（竞赛）

（1）竞技场板块可以自由发布比赛赛事，自由组织各种比赛，如官方赛、俱乐部联赛、自由赛、邀请赛等。

（2）竞技场可以提供比赛的冠名支持。

（3）竞技场可以发布赛事竞猜活动，以吸引更多学生观摩学习。

3. 俱乐部

（1）俱乐部系统提供自运营管理功能，可以自行设置俱乐部的风格，自行确定俱乐部成员的加入方式及管理方式。

（2）俱乐部支持内部的社团活动、可以在线发布活动公告、通知并通过手机 App 随时通知到每一个成员。

（3）俱乐部可以自行组织在线比赛。

（4）俱乐部模式中学生可以自行制作课件并上传，并自行组织在线培训。

4. 个人中心

（1）完善的个人信息，包括个人动态、心情、话题、相册。

（2）可以提取个人的属性数据、社交数据、学习数据及行为数据。

1.2.2 教学安排

班级的学生每 1~5 人（最多 5 人）组成一个团队，按照设定的市场规则场景，自行组建一个公司，并自主经营这个公司。建议每个班级组队数量控制在 6、8、10 组，相应人数为 30、40 人或 50 人左右。如果一个队的人数不够 5 人时，可以由一名学生担任多个岗位。由于岗位之间的操作是协作配合进行的，一个人在有限的时间内完成多个岗位的操作可能会无法兼顾到，容易产生失误，所以，最好是每人一岗，协同运行。

1.2.3 课时安排

本书给出两种实训教学方案作为教师组织课堂教学的参考。

1. 实训教学方案 1（48 学时）

➢ 建议学分：4.5

➢ 考核方式：考查 / 考核

以"约创"实训操作为引导，各年经营过程中穿插相关的云平台上的微课视频、知识点，实操训练加基础理论补充的实训教案。见表 1-1。

表 1-1 "约创"云平台实训课时安排（48 学时）

序号	任务内容及目录	实训内容及操作	资料	学时
1	任务一：企业策划 创办一个企业需要什么？（创意，注册，资金，组织 / 人员，场地，产品，市场 / 顾客，生产系统，原材料，销售，财务，人力资源⋯⋯） 而办好一个企业需要什么？ 【教学重点】企业注册流程 【教学难点】创业计划书的编制	企业工商登记注册流程（参照创业之星） 创业计划书的格式、内容与编写 （可以布置一个贯穿全课的作业，不断完善，最终完成）	企业之星软件 企业计划书模板	2
2	任务二：概括了解本课程 【要求 1】课上登录账号，能够自由进入"约创"系统查阅有关资料。 引导观看微课视频： ①企业模拟经营认知； ②企业模拟经营流程（3-1）； ③企业模拟经营流程（3-2）； ④企业模拟经营流程（3-3）； ⑤企业报表解读。 【要求 2】了解本公司初始状况及主要数据 【教学重点】顺利登录上系统，会查阅相关资料 【教学难点】了解本公司初始状况及主要数据	学生通过手机建立账号，注册。 登录系统后，进入"新手引导"。认真学习一遍。 课后：视频预习	雨课堂：登录"约创"了解系统引导题，观后答题上传	2
3	任务三：组建企业 1. 企业分组 补充知识点： ①企业，组织的有关概念； ②团队管理 2. 组内分工 【教学重点】合理的分工 【教学难点】如何真正让学生们进入自己的角色	学生进行分组和分工 手段：借助"行为格测试" 目标： ①让学生学会身份转变； ②激励"员工"把团队、公司当作自己的家； ③形成公司的基本文化 课后：学生尝试进入"约创"俱乐部，约战其他学院 课后：视频预习	雨课堂：行为格测试投票 + 计分图	2

续表

序号	任务内容及目录	实训内容及操作	资料	学时
4	**任务四** 1.通用规则说明 引导观看微课视频： ①分岗位协同合作； ②虚拟日期； ③企业知名度和客户满意度； ④违约（金），容忍期； ⑤操作失误率； ⑥CSD增减明细规则； ⑦评分规则1； ⑧评分规则2； **任务四** 2.各岗位规则说明 引导观看微课视频：可分头观看学习 总经理： ①销售类型—订单争取—流程； ②市场资质开发； ③ISO认证； ④厂房； ⑤产品资质开发； ⑥情报 财务经理： ①贷款规则； ②应交费用管理； ③缴费及强制扣费； ④贴现 生产经理： ①生产线使用； ②生产线预配； ③人员配备； ④BOM； ⑤代加工； ⑥产品的生产周期特点 销售经理： ①年初订货会； ②零售市场； ③订单管理； ④产品交货； ⑤原料订购 采购经理： ①原料订购； ②采购入库； ③原料现货处理 补充知识点： ①采购管理——订货管理； ②供应链管理； ③ISO认证； ④新产品开发。 【教学重点】掌握记忆基本规则，会查阅详细规则 【教学难点】规则之间的联系与影响	起始年规则学习： ①规则学习引导（注意在第一年总经理要申请预算，开通资质，投放广告，选择产品时一定要考虑单价与交货时间）； ②教会学生读懂各种报表之间的关系； ③贷款，要注意贷款一份是20万元 详细分解各岗位职责及相关规则（也可以进入主界面"新手引导"。继续熟悉角色背景） 雨课堂：先布置思考题，带着问题观看引导视频，教师适当引入，讲解各岗位职责 注意：由于内容比较多，也比较详细。可以让学生按照分工各自有针对性地观看相关教学内容。思考题也可以分别下发，部分回答。 课后：视频预习 目标： ①引导学生自学运营； ②让学生体验一个制造型企业管理者的工作本职，对于企业运营环节更加了解，对实际工作起到引导作用； ③了解生产制造企业的运作流程，营销、生产、采购、财务环环相扣，息息相关	雨课堂： ①总经理有关规则主观题； ②生产经理有关规则主观题； ③销售经理有关规则主观题； ④财务经理有关规则主观题； ⑤采购经理有关规则主观题 "脑图工具"的使用	4 4

续表

序号	任务内容及目录	实训内容及操作	资料	学时
5	任务五：第1年运营操作 理论知识引导，观看微课视频： ①总经理——企业经管模拟； ②总经理——企业资源计划 ERP； ③总经理——企业战略管理； ④财务总监——会计的本质，资金循环流程图，会计的目标； ⑤财务总监——流动资产管理、现金、应收、存货； ⑥财务总监——财务报表； ⑦销售总监——市场营销环境； ⑧销售总监——市场营销理论； ⑨生产总监——新产品开发； 分析点评： ①企业经营循环； ②企业经营本质； ③负债经营 【年初—年中—年末操作流程讲解】 "年初"（三阶段）：预算，广告，订单； "年中"（四个季度）：原料，预配，推进，开产； "年末"（报表） 补充知识与技能点： ①生产计划与能力； ②主生产计划与 MRP2； ③不同生产类型采购模式的差别； ④ SWOT 分析法 【教学重点】形成公司的战略构思，这是通过订货会决策过程来实现的，从而对公司运营模式形成初步整体印象 【教学难点】怎样通过订货会和设备厂房等投资来实现公司的整体战略？即要为本期和后期的经营提前做好哪些准备	启动第1年运营 课后：视频预习 起始年实训引导：老师的目的就是将规则的重要方面告诉学生，采用"脑图工具"并利用"脑图工具"分析： ①核对各组数据是否准确； ②分享点评第1年运营情况； ③第1年运营情况总结交流； ④分析点评第1年运营经济环节的问题 注意： 1. 对第1年运营中重点关注的内容给予建议。例如，中长期贷款，购买厂房设备等； 2. 需要增加时效性，让学生在规定的时间内，完成第1年的运营。每阶段可以暂停时间，以解决出现的问题，无问题时或可提前结束本阶段。教师可根据情况采用此功能控制进程 观察：运营中学生们是否有空闲？说明什么？ 总经理在做什么？	雨课堂：先布置思考题，带着问题观看引导视频； 教师适当引入知识点或技能点并讲解。 网盘资源：数据规则、手册、参考工具软件，脑图工具等	4
6	任务六：第2年运营 理论知识引导观看微课视频： ①总经理——企业战略分析； ②总经理——企业战略管理； ③财务会计要素：资产、负债、所有者权益； ④财务——收入、费用、利润，会计等式； ⑤财务——固定资产与折旧； ⑥财务——预算及编制； ⑦销售总监——目标市场选择及营销战略； ⑧销售总监——广告策略； ⑨生产总监——生产能力与生产计划； ⑩生产总监——产品组合与产品生命周期 分析点评：	雨课堂：先布置思考题，带着问题观看引导视频 教师适当引入、讲解 课后：视频预习 观察：学生们是否有普遍的疑问？说明什么？	网盘资源：数据规则、手册、参考工具软件、脑图工具等	2

续表

序号	任务内容及目录	实训内容及操作	资料	学时
6	①短期贷款与长期贷款； ②了解市场； ③市场细分和定位； ④广告营销 【对上期经营的复盘】 补充知识点： ①市场营销的概念及发展； ②波士顿矩阵法； ③广告的作用，分销渠道； ④目标市场细分与定位； ⑤应用分析工具，把任务做到深入细化 【对本期经营的计划】 【对后期经营的规划】 【教学重点】各期运营之间的动态关系把握 【教学难点】如何让企业运行处于稳定状态	老师引导：第2年运营： ①用脑图工具，将企业经营内容进行结构化拆分； ②老师可以对第2年经营给出建议，如做年度支出预算和收益预算； ③引导学生进行第2年运营的前两个季度经营 学生组讨论完成		2
7	任务七：第3年运营 理论知识引导观看微课视频： ①总经理——胜任管理； ②时间管理； ③财务总监——股权筹资； ④销售总监——品牌战略； ⑤销售总监——市场营销管理； ⑥销售总监——竞争性市场营销管理 分析点评： ①生产线选择； ②内部运营评价 补充知识点： ①生产及物料控制（PMC）； ②卖方管理库存（VMI）与牛鞭效应； ③重视预算与分析测算 【教学重点】如何精确制订业务计划 【教学难点】建立并使用预算工具	雨课堂：先布置思考题，带着问题观看引导视频，教师适当引入、讲解课后：视频预习 教学引导： ①以小组为单位，发言阐述观点； ②与其他小组博弈，各抒己见 目标： ①熟悉了各个模块的过程； ②重点考虑生产部分的计划根据市场订单与生产能力相平衡，例如，主生产计划排定后进行物料需求计划的计算，接着采购原料，还要时刻计算资金的流动	网盘资源：数据规则，手册，参考工具软件等	2
8	任务八：第4年运营 理论知识引导观看微课视频： ①总经理——有效沟通； ②财务总监——财务分析； ③财务总监——成本管理； ④生产总监——精益生产； ⑤采购总监——库存管理 分析点评： 科学管理规划 补充知识：学会复盘 ①什么是复盘？	雨课堂：先布置思考题，带着问题观看引导视频；教师适当引入、讲解 课后：视频预习	网盘资源：数据规则、手册，参考工具软件等	2

续表

序号	任务内容及目录	实训内容及操作	资料	学时
8	②为什么复盘? ③怎么做复盘? 【教学重点】复盘过程 【教学难点】如何发现商机(供求动态关系)	目标: 使学生在"参与中学习",认识企业资源的有限性,从而深刻领悟科学的管理规律,提升管理能力		2
9	任务九:第5年运营 理论知识引导观看微课视频: ①总经理——风险管理; ②职业生涯规划; ③财务总监——所得税; ④财务总监——增值税。 分析点评: ①全面评价企业 BSC; ②企业核心竞争 【教学重点】优化决策流程,加强协作 【教学难点】如何防止错误的发生	雨课堂:先布置思考题,带着问题观看引导视频;教师适当引入、讲解 组织学生分享,使用"精益画布"的形式	网盘资源:数据规则、手册、参考工具软件等	2
10	任务十:第6年运营 理论知识引导观看微课视频: ①人力资源管理; ②绩效管理; ③职业生涯规划 分析点评: ①全面预算管理; ②管理信息化 【教学重点】财务知识。报表 【教学难点】如何评估盈利能力	雨课堂:先布置思考题,带着问题观看引导视频;教师适当引入、讲解 课后:视频预习 教学引导: ①引导学生进行实训练习(网上比赛); ②安排总经理总结梳理企业经营规则	网盘资源:数据规则、手册、参考工具软件等	2
11	课程总结与结课考试	各小组总结汇报,要求各小组做出 PPT,代表汇报。老师适当点评 (结课考试)		2

注:雨课堂主观题可以预先制作完成,也可以根据教师授课进度和学生掌握情况临时进行增减,当场上传下发学生,然后更有针对性地观看有关教学视频。

2. 实训教学方案 2（32 学时）

◇ 建议学分:3

◇ 考核方式:考查 / 考核

训练方案:实训操作引导,各年经营过程中穿插相关知识点。见表 1-2。

表 1-2 "约创"云平台实训课时安排（32 学时）

章任务	学时（32）	实训现场	教师授课准备	学生阅读自学	实训作业
第1章: 课程概述 任务一:分组	2	课程概述（阅读、讲解） 分组作业	企业经营流程认知 行为格测试作为分组 依据（参考）	岗位分工和进入课程操作视频	企业与组织相关的知识点预习

续表

章任务	学时（32）	实训现场	教师授课准备	学生阅读自学	实训作业
第2章：第1年模拟经营项目：创立新的实训课程（4~6年）任务二：了解本公司目前状况	10	（1）分配角色，组建团队（2学时）；（2）熟悉软件场景，开启第1年运行（8学时）：①年初（三阶段）：预算、广告、订单；②年中：原料、预配、推进、生产；③年末每阶段可以暂停时间进程，以解决出现的问题，无问题时可提前结束本阶段。教师可根据情况采用此功能控制进程	①教师补充相关知识点；②各岗位相关的规则PPT或视频；③课前准备：创立新的教学年 注意：①选择规则模板；②加入学生；③指定队长；④设定教学开始时间	岗位任务及相关规则视频讲解与知识点补充	开启第1年进行引导操作讲解，将各季任务用投影展示，按照任务进行日期推进和操作讲解
第3章：第2年模拟经营	4	场景控制：开启第2年运行：①年初（广告、抢单1、抢单2三阶段）；②年中；③年末每阶段可以暂停时间进程，也可以提前结束本阶段。教师可根据情况采用此功能控制进程	①教师补充相关知识点；②生产与销售的理论知识讲解；③相关技能点补充（侧重学习企业战略、生产能力规划与任务的平衡等内容）	平台视频与知识点补充	可选择开设比赛，选用比赛模式进行训练
第4章：第3年模拟经营	4	场景控制：开启第3年运行；此阶段可适当减少暂停的时间，教师可根据情况适当控制进程	①经营中的盈利及权益关系问题；②生产经营的基本规律分析研究	平台视频与知识点补充	可选择实训作业卡片练习
第5章：第4年模拟经营	4	场景控制：开启第4年运行；此阶段可适当减少暂停的时间，教师可根据情况适当控制进程	①如何精确制订业务计划（引入甘特图）；②如何应对市场需求发生的变化	平台视频与知识点补充	可选择实训作业卡片练习
第6章：第5年模拟经营	3	场景控制：开启第5年运行；此阶段已经可以不使用暂停功能控制进程	①如何优化内部管理流程，加强协作；②如何评估盈利能力	平台视频与知识点补充	可选择实训作业卡片练习
第7章：第6年模拟经营	3	场景控制：开启第6年运行	财务报表的利用	平台视频与知识点补充	可选择实训作业卡片练习
第8章：实训总结	2	①经营成果评价体系；②实训报告撰写要求			学生提交述职报告

第 2 章
创建实训的系统操作

2.1 场地及设备要求

实训场地最好是分隔开的机房环境，4~5 人为一个小组。学生端的电脑不需要安装任何专用软件，只要有 Windows 操作系统和浏览器，能够联通互联网即可，因为软件是在云端服务器上运行的，故教室内需提供良好的网络。所用电脑应配备有线网络或 WiFi。因为某些情况下一台电脑会不够用或需要时常切换工作界面查询数据，给学习造成不方便，学生可以自带笔记本电脑或手机、平板电脑等设备，辅助同学查看或记录有关数据信息。

电脑及机房配置建议：内存 4 GB，硬盘 500 GB，CPU E6600 以上，百兆网卡，Microsoft Windows 7 操作系统。

浏览器建议：IE 10.0 以上，360 浏览器、Chrome 浏览器或 Firefox 浏览器。

2.2 人员组织准备：创立企业

创立一个公司的第一步是解决人员和组织问题。本环节就是要将教学班级里面的学生组织起来，形成一个个团队，每个团队创办并运营一个公司，每个学生都将作为公司的主管人员投入公司的管理之中。但这并不是简单的分组，教师一定要让学生深刻理解创办一个企业的使命和职责，把学生们带入一种真正创业的情境之中，激发起他们的荣誉感和参与经营管理的热情，真正进入自己的经理角色，下决心通过团队的共同努力把这个企业经营好。因此，教师需要做一个好导演，一方面设计安排课程的开合和各种衔接关系，让学生们有一种紧张感、真实感、压力感；另一方面还要适时适当地给学生们补充一些相关的管理学知识与技能，这是为学生们"说戏"。但这种补充知识不能是灌输式的，而是通过情境模拟创造出一种环境，引导同学们去思考，发现问题，自己去查书、去问老师。这样，学生带着问题学，带着问题听，自然会用心，效果更好，从而实现课堂教学的翻转效果。前期准备一定要花大气力，做扎实，不要急于启动模拟系统。如果前期准备没做好，同学们没有真正进入角色，只是以一种游戏的心态来参加实训，教学的效果就要大打折扣了。

2.2.1 企业创立相关知识点

1. 企业、管理的概念

1）企业的概念

企业是依法设立的，从事营利性经济活动，具有独立或相对独立的法人资格的经济组织。

企业向社会提供商品或劳务而获取利润，从事生产、流通和其他服务性的经济活动，进行自主经营，实行独立核算。

2）企业管理的概念

企业管理是指企业根据自身的特点及其生产经营规律，按照市场反映出来的社会需求，充分利用各种资源，对企业的生产经营活动进行计划、组织、领导、控制等一系列活动，实现企业的目标（经济效益和社会效益两个方面）。

企业管理的职能是指企业管理工作在生产经营管理活动中所具有的职责和功能，一般包括计划、组织、领导、控制四个基本职能，也有学者将激励、协调或沟通等也作为管理的基本职能。

2. 企业组织

1）组织和企业组织

有关组织的概念，不同的学者给出的定义各不相同，但也只是侧重点和角度不同而已。例如，巴纳德（Chester I. Barnard）提出，组织是有意识地协调两人或多人活动或力量的系统；而达夫特（Richard L. Daft）则认为，组织是有确定的目标、精心设计的结构和协调的活动性系统，并与外部环境相联系的社会实体。

2）组织的特征

（1）组织必须有一个共同的目标。

（2）组织通过协调人们的活动，实现共同的目标。

（3）组织可以进行不同层次的分工与合作。

（4）组织需要有不同层次的权力和责任制度。

企业则是一种特殊的组织形态。企业组织是指为了有效地向社会提供产品或劳务，将企业的各种资源按照一定的形式结合起来的社会系统。企业组织是在特定环境下，为了达到一定的生产经营目标，以企业全体人员为主体，包括人和物在内的有机结合体。

3）企业组织管理的一般原则

企业组织管理中应遵循的原则有很多种不同的说法，主要归纳为以下几方面。

（1）目标明确原则。作为一个企业组织结构，其建立和组织工作的开展需要有明确的目标，必须以实现企业的经营目标和经营战略为基本着眼点。当然，广义上还应该包含社会责任等层面。

（2）统一领导原则。统一领导是指企业各部门、各单位要在企业高层管理部门的统一部署下进行生产经营活动，组织机构的设置要有助于建立统一的生产经营管理系统。

（3）有效管理幅度原则。管理幅度是指一个上级领导直接指挥下属人员的人数。有效管理的幅度一方面取决于管理者的素质和能力，另一方面取决于管理者所从事的管理工作的范围和性质。

（4）分级管理原则。分级管理原则是指企业各部门在统一的领导和部署下，按照业务范围进行分级，把下属分成若干级别进行管理。

（5）责权统一原则。这里所说的权力是指职责权力，是在一定的组织中为履行职责而由上级所授予的、能够影响其他人或组织的行为；责任则是指在接受职务时必须履行的义务。贯彻责权统一的原则，就要做到赋予职务的同时一定赋予相应的权力，要明确规定每一个岗位、每一个人员的责任和权力。

（6）结构稳定和适当调整原则。一个企业组织内的部门设计、分工以及部门间的协作关系乃至人员安排都应具有一定的稳定性，当然这种稳定是相对的稳定。企业组织还需要适当进行调整与变革，主要是对企业组织机体与外部环境的适应关系而言，它要求根据环境的变化，相应地调整企业组织结构的内部构成，从而增强企业对环境变化的适应能力。

2.2.2　企业创立的相关分工

有了一定的人员，接下来需要进行有效的分工。如何有效地进行组织内部分工？真实企业中可能会有人情关系，如亲情、老乡、战友等，这些因素将会影响组织的内部分工。课堂教学模拟则不必考虑这些社会层面的因素，主要是从管理技术层面解决分工随意性的问题。教师可以引导学生，通过进行一些性格和行为特征方面的测试，找出每个同学性格和行为方面的特征，以此为基础决定由谁担任什么职务最合适。

1）实训中组织分工的步骤

（1）先通过分组或相关活动，观察同学们的组织和社会活动能力，选出若干模拟企业的领军人物。可以先做一个以引导为目的的职业性格测试。

（2）领军人物确定以后，明确他们各自的任务和使命。以他们为中心，招集相关组员。

（3）分组基本确定后，组内每个学生就创业构想谈自己的想法，以此展现自己的特长和能力。

（4）组内同学互相评价对方的特长和能力，明确职业趣向，即哪位同学适合出任什么职务。模型共设立了五个职务：总经理、生产经理、销售经理、采购经理和财务经理（有的比赛模型是四人制，职务是总经理、运营总监、销售总监、财务总监）。如果出现岗位重复或岗位不足的情况，可以自行调整或通过教师进行组间调换。

2）实施

首先，可以参照行为格测试图对每位同学进行测试。这是依据管理方格理论而设计的简单、实用、有效的测试工具。测试内容共分六个单元，每个单元都针对某一主题阐述了五种观点。如图 2-1 所示。

测试共分六个单元。分别为决策、信念、纠纷、情绪、幽默、努力。每个单元分别有 5 句话，被测试者一句一句读过去，在认为最适合（或最赞同）的那句话后面的白格子中画钩（5 句只选 1 个画钩）。六个单元下来将得到 6 个钩。然后看右边每列上共有几个钩？把这个数字填到最下面统计区中本列的白格里。这 5 个数字填好后，向右乘已经有的那个数字（为权数），如第二行，假设所填数为 3 的话，则 3×1=3，填入最右边格中；再向左乘已经有的数 9，则 3×9=27，填入最左边格中，所有五行都如此加权。

最左侧所有数求和，然后除以 6，得数填入图 2-1 中左边方格中（保留小数点后 1 位即可）。

最右侧所有数求和，然后除以 6，得数填入图 2-1 中右边方格中（保留小数点后 1 位即可）。

以这两个数分别为纵坐标和横坐标，在图 2-2 的坐标系中描点，这就是管理学中的管理方格。注意，由于每个人测试所得到的数值不同，坐标值也不同，所得到的点也不相同，这正是测试想要的结果，因为位置不同，代表的性格能力倾向也不同。

显然，9.9 是对人和工作都高度关心的一类人，是全面型管理人员，可考虑推荐作为总经理。而 9.1 则为对工作的关心程度高，对人事关系相对比较不敏感的人，可推荐

表 2-2 九九方格表

1．决　策					
我乐于接受其他人作出的决策					
我很注重保持好关系					
我更重视决策的可行性					
我接受可行的决策，同时也接受这个决策的不完善之处					
我重视决策的正确性，优秀的决策不但让人理解，也让人愿意接受					
2．信　念					
他人的观点和想法我一般不反对，尽量不站在任何一方					
与他人的观点和想法冲突时，我大多不固执己见					
我会坚持自己的观点、行为和想法，尽管这样可能会得罪其他人					
如果出现与我不同的建议、观点和行为时，我保持中立					
我注意听取和了解其他人与我不同的建议、观点和行为，我虽然自信，但善于接受好的建议，改变自己的观点					
3．纠　纷					
纠纷出现时，我试图保持中立或从中解脱					
我试图阻止纠纷的发生。一旦出现纠纷，我试图弥补双方的缺陷，保持好合作					
纠纷出现时，我会努力解决它，以达到我自己的意图					
纠纷出现时，我设法合理地坚持自己的意见，并得到一个公正的解决办法					
纠纷出现时，我设法找出它的原因并排除它产生的后果					
4．情　绪					
我很少激动，因为我保持中立					
我喜欢友好的、热诚的气氛，紧张的气氛易产生压力					
如果事情进展不顺利的话，我就为自己辩护，进行反驳，并提出一定的理由					
我不喜欢紧张的气氛，为此我会改变我的观点，以避免压力					
如果我兴奋的话，我会控制自己，虽然掩饰不住易被察觉					
5．幽　默					
我的幽默总被认为不那么到位					
如果出现紧张气氛的话，我会来个小幽默把注意力从纠纷中引开					
我的幽默使人难以接受					
我的幽默帮助了我的生活和工作					
我的幽默很到位，并有效地缓解了自己的压力					
6．努　力					
我只做出必要的努力，不做额外的事					
我很少指挥别人，而是愿意帮助别人					
我自己努力工作，也督促其他人努力工作					
我喜欢不紧不慢的工作节奏					
我自己非常努力，别人也听从我的安排					

求和	权重	计算各列勾的数目填入下方本列白格中：					权重	求和
	1						1	
	9						1	
	1						9	
	5						5	
	9						9	
	左侧和						右侧和	
/6	=		纵坐标		横坐标		=	/6

图 2-1　行为格测试图

作为生产经理或财务经理。1.9 则为对人的关心程度高，比较适合做与人打交道多的工作，如可推荐作为销售经理和采购经理。依据这些特性，就可以帮助同学们做出比较有依据的分工了。当然，实际操作中会有一些同学处于不理想的位置，这时教师要注意表达方式，不要挫伤同学们的自信心和积极性。

要有奖励机制，出任或竞选上总经理的同学要给予加分等奖励——这是公开宣称。但实际操作可以真实奖励那些在表述和竞选环节表现出众（但最后并不一定被选作总经理）的同学。

2.2.3 创立阶段的任务

【任务1】有效地组织公司团队，并进行公司内部人员的合理分工，明确各自的职责。全体人员讨论后写出本公司简略章程、各职能经理的主要职责、主要业务流程图，并将结果上报。

【任务2】引导学生注册并登录"约创"系统，在系统中（新手入门）查找有关信息资料。回答以下问题，上交作业。

（1）目前本公司还有多少现金？

（2）目前本公司有多少贷款？

（3）目前本公司还有多少应收款和应付款？

（4）目前本公司的产品库存和原料库存分别是多少？

（5）生产产品的资质怎样？

（6）本公司目前 ISO 资质认证的情况如何？

（7）本公司目前产品的市场资质如何？

（8）本公司聘用工人的状况如何？

（9）本公司客户满意度（CSD）的情况如何？

（10）本公司有几种产品可生产？

（11）各产品的需求预测与价格预测是怎样的？

（12）本公司有多少厂房和生产线？

（13）本公司生产状态如何？何时下线？

教师也可以根据情况，把相应的内容拆散穿插在实训环节中布置给学生去完成。

2.2.4 实训环境背景资料

系统主界面为如图2-3所示的模拟城市区域场景，有现货交易市场、品牌市场大厦、原料订货大厦、银行、代工厂、订货会等。这些单位都是可以点击并进去办理相关业务的。

从主界面左上角可以进入公司大厦。公司大厦分为四个岗位办公室：总经理办公室、

图2-3　模拟城市区域场景图

财务部办公室、采购部办公室、销售部办公室。此外，另有一处生产基地，正进行着P系列产品的生产。其中，订货会是公司取得订单的主要渠道。注意，我们的虚拟企业是以销定产的，即先拿到了订单，再组织生产制造，然后交付产品。

模拟虚拟背景

教师可以为同学们建立起如下的虚拟经营背景。

××制造公司于2018年成立，主要生产P系列产品。该产品属于小批量生产类型，即产量不是很高但产品单位价值比较高。公司注册资金为288万元。目前已经正式注册登记成立并正常运行了一年（也有的模板是零起点），经济效益却不是很好，导致人心涣散。虽已开拓了本地市场，但经营状态堪忧。

然而事情出现了转机。有关机构对该行业的发展前景进行了认真的调查研究，认为P系列产品将会从目前的相对低水平发展为一个高技术产品。为了抓住这个宝贵的机遇，使公司迅速走出低谷，公司股东大会决定重新聘用一批优秀的管理人才，来接手本公司。合同期限为四（或六）年，希望新的管理团队能够改善公司的现状，制定全新的发展战略，引进先进的生产系统，提高生产效率，加大营销力量，使公司进入良性发展的轨道。

公司目前设立有四个办公室和一个生产（车间）部门。由于前期管理的问题，公司人心不稳，甚至一些管理岗位缺乏主管人员。但公司仍然维持着基本的生产运营的状态。

现在假定每个组的五个人就是受聘担任公司总经理、采购经理、销售经理、生产经理和财务经理的新管理团队。公司的命运交到了你们的手里。同时，其他组的同学接手了处于同行业的竞争对手的公司，你们已经成为同行业的竞争对手（系统会设定各公司的起点情况是完全一样的）！现在请运用你们所学的管理学知识和技能，根据公司现状和对未来几年的市场预测去经营自己的公司吧！各个公司的起跑线是一样的，看谁能够在未来的几年中击败竞争对手，在激烈的市场竞争中生存下来并将公司发展壮大！不辜负董事会和股东们的信任！

讨论：企业的功能和使命是什么？

教师提示：

企业的功能——经济功能、社会职能。

企业的使命（目标）——企业的使命是创造顾客（管理大师彼得·德鲁克）。

狭义地说是以生存为目的，广义地说是为了满足市场的需要。

2.3　系统控制与创建实训

2.3.1　运营管理系统

学校购买了"约创"系统使用权限后会得到一个系统管理员账号，用这个账号登录"约创"运营管理系统（http://operation.staoedu.com）就会进入如图 2-4 所示的运营管理系统界面。

从运营管理系统界面可以进行教师管理和学生管理，也就是说本系统内只有录入系统的教师和学生才能有效使用这里的实训模拟功能。如图 2-5 所示添加教师界面。示例中已经有两位教师在系统中，即只有这两位教师才有权力开设实训、管理班级和学生。当然，如果有不需要的教师也可以移除出去。

添加学生的操作。需要由教师先在"约创"运营管理系统登录，进入学生管理后台。

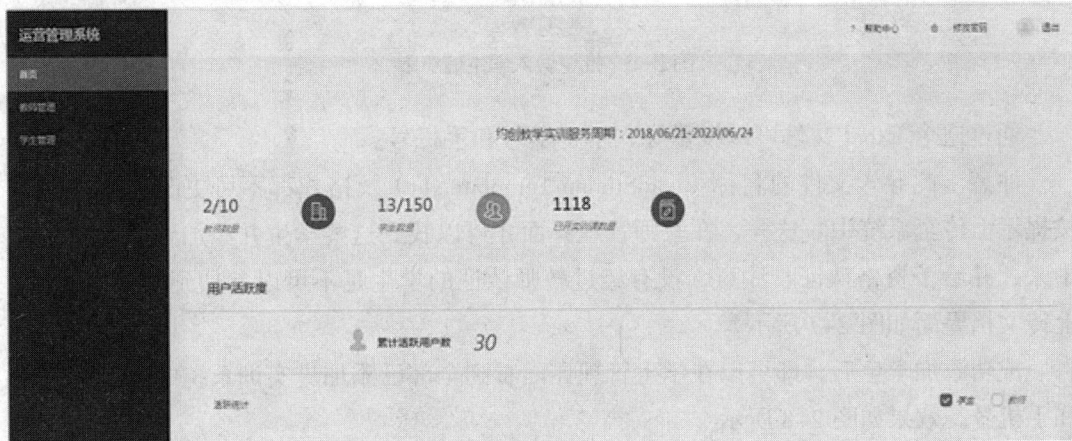

图 2-4　运营管理系统界面

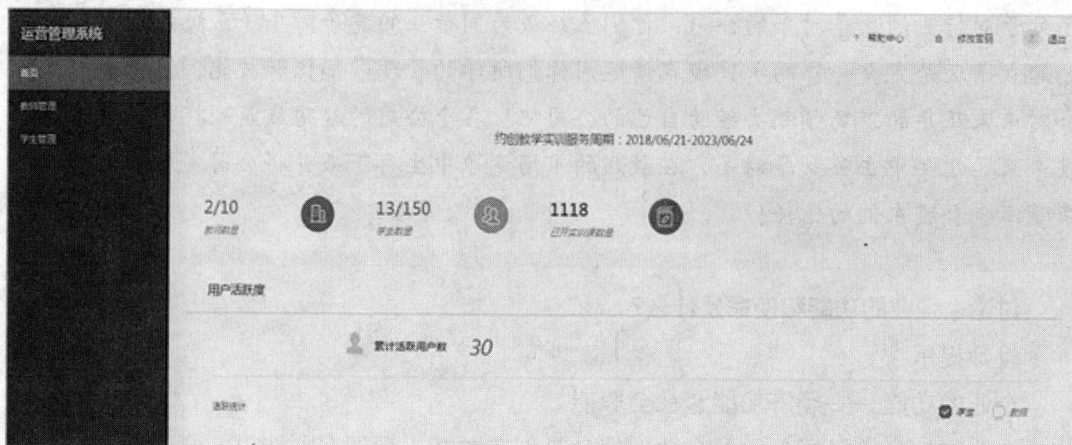

图 2-5 添加教师管理界面

添加学生可以由教师手工添加，但实际情况是学生人数很多，一个一个添加很麻烦，所以可以采用系统提供的批量导入添加的方法。这时需要根据系统提示预先下载并填写好一个制式的 Excel 表。如图 2-6 所示，批量导入学生信息表。

填写须知：
　〈1〉不能在该Excel表中对学生信息类别进行增加、删除或修改。
　〈2〉表中字段均为必填字段。
　〈3〉手机号：如果是国内手机号，直接填写手机号即可，不支持国外手机号。
　〈4〉手机号：请确保学生学号和手机号一一对应。

学生信息表

姓名	学号	手机号
李四	2017062901	13011110002
张三	2017062903	13911110001
t1	201801101	13600000001
t2	201801102	13600000002
t3	201801103	13600000003
t4	201801104	13600000004
t5	201801105	13600000005

图 2-6 批量导入学生信息表

通过这个 Excel 文件可以批量导入学生学号和手机号。

注意：此导入文件的名称（leadStudentTemplate.xls）及格式都不可更改。填写好后按提示上传至系统中。这样，在教师管理界面才可以找到这些学生并添加到此实训系统中来，并给予资格认证。注意，没有经过教师认证的学生是不可以参加到实训之中的。上传文档界面如图 2-7 所示。

成功添加学生后，即可以在学生管理界面看到全部已添加进实训系统中的学生名单和手机号。效果如图 2-8 所示。

至此，开展"约创"实训所需要的教师和学生都已经到位。

图 2-7 批量导入学生信息上传界面

图 2-8 学生信息导入后效果

2.3.2 创建实训

1. 创建班级

教师在前面的运营管理系统中添加好教师身份后，登录"约创"系统云平台（http://www.staoedu.com）。然后创建一个班级。

操作：登录教师账号，从"主界面—实训"，在图 2-9 所示界面进入后单击"创建"按钮。

然后，单击"学习"按钮进行班级创建。本部分以下操作均在教师端进行。

一个教师用户可以同时创建多个班级，但同时只能管理其中一个班级，并查看班级学生列表如图 2-10 所示。

19

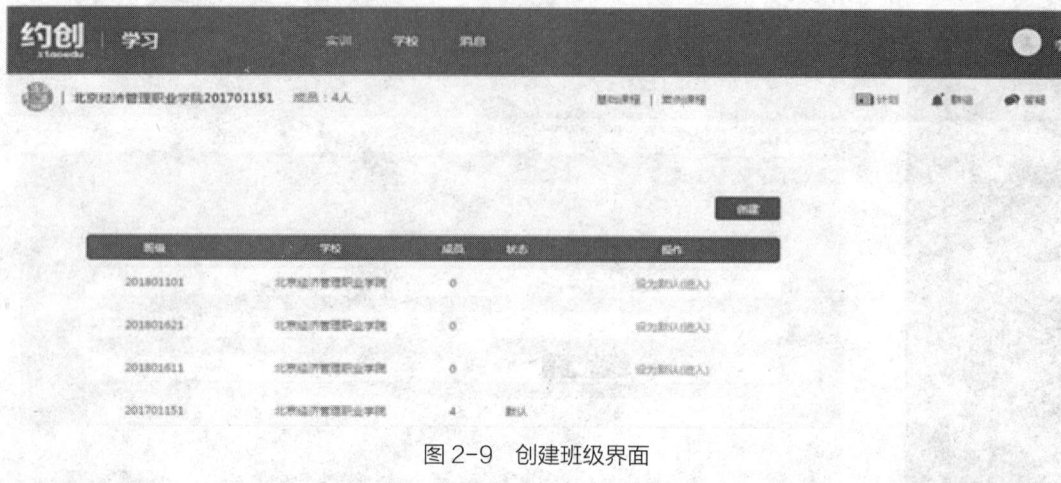

图 2-9　创建班级界面

图 2-10　查看班级学生列表界面

1）邀请学生

通过主页面中的管理—人员管理—邀请学生来进行学生的邀请。如图 2-11 所示，想要邀请哪位学生就单击其名字后面相应的"邀请"按钮。

当有很多学生不便查看时，可以在检索框中输入学生的姓名检索。

邀请完成后，可在核对学生列表界面中进行核对。

如邀请错误，在错误学生处单击"踢出"即可。对于邀请正确的学生，单击"认证"按钮，此学生成为有效成员。如图 2-12 所示。

然后即可单击"我的实训"按钮，选择想要开始的实训并进入系统。

进入实训后，再进入所在班级。如图 2-13 所示。

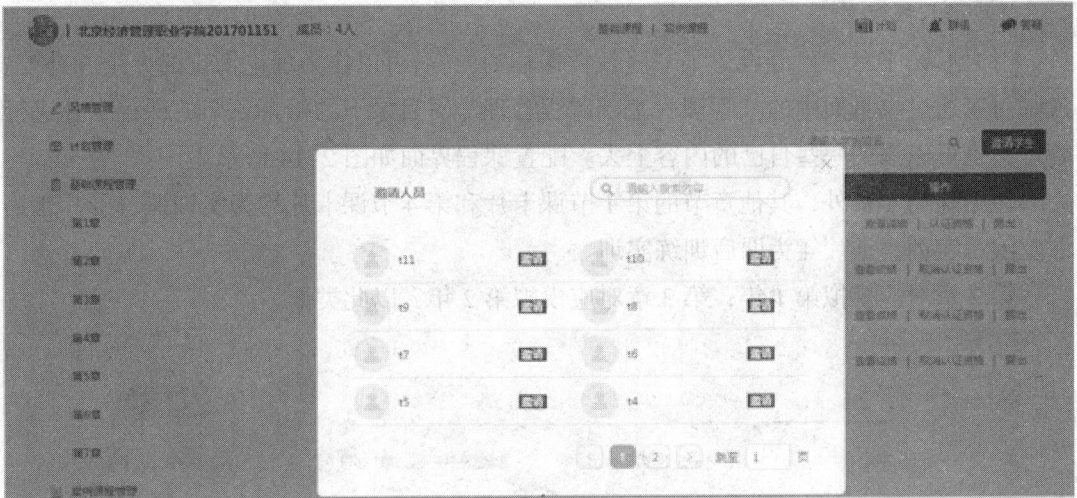

图 2-11　邀请学生进入实训

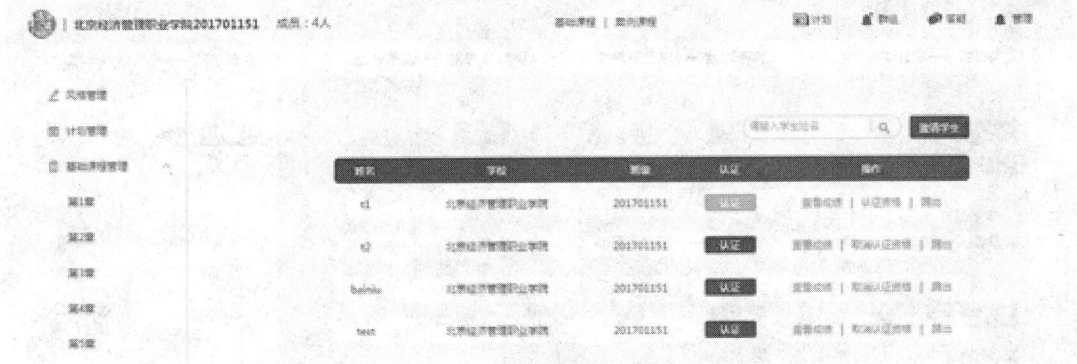

图 2-12　核对学生列表界面

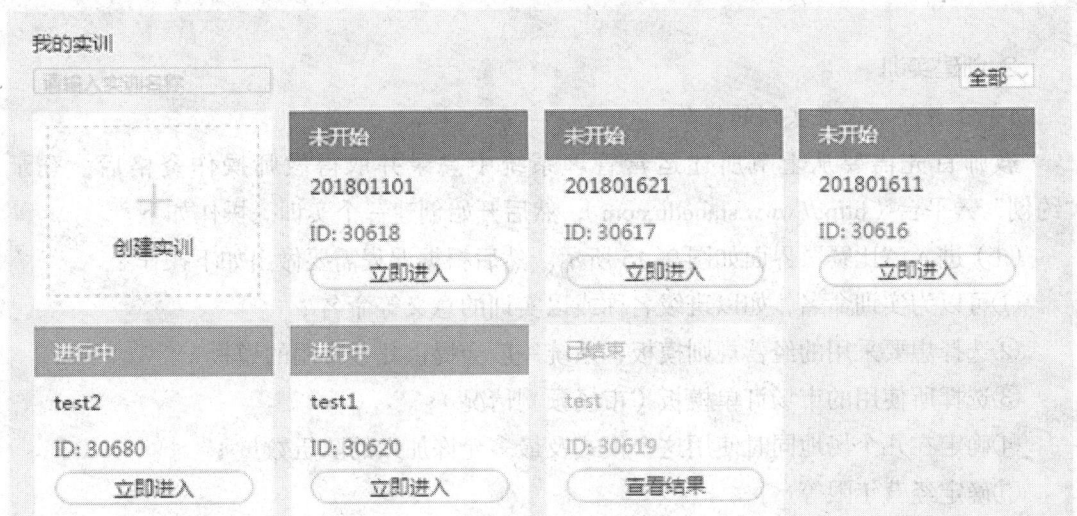

图 2-13　进入实训所在班级界面

2）云课程配置

"约创"云平台中已经设置了一些教学课程的内容，可以作为理论知识的介绍和补充。教师可以通过主页面中的"管理—基础课程管理"对目录下的每个章节的课程卡片进行管理，也可以添加一些自己的内容上去。配置课程界面如图2-14所示。

注：除第1章外，其他章节的第1节课卡片和第4节课卡片均为实训课，卡片1为课堂演示实训，卡片4为课后训练实训。

第2章对应模拟第1年，第3章对应模拟第2年，以此类推。

图2-14 配置课程界面

2. 创建实训

1）在教师端配置实训的操作

教师首先需要从上节所述运营管理系统中登录并取得教师操作资格后，登录"约创"云平台（http:// www.staoedu.com），然后开始创建一个实训。操作如下。

（1）进入"比赛"界面如图2-15所示。然后根据课程需要做出如下操作：

①可以为实训命名，如以班级名称或以实训的意义等命名；

②选择想要采用的经营规则模板，系统一般会提供几个常用的模板；

③选择所使用的市场订单模板（市场预测情况）；

④确定在几个场地同时使用这个模式及最多允许加入的队伍数量；

⑤确定经营年限等。

然后，单击"立即创建"按钮，则创建成功。

图 2-15　设置实训参数

（2）1个队伍由 5 人组成，角色为总经理、销售经理、生产经理、采购经理和财务经理。1 个场地能同时容纳的队伍数量是可以预设的。如果是竞赛模式，也可采用 4 人组的运营模式，此时角色为总经理（兼职销售）、运营助理、生产助理、财务助理。班级中学生人数过多或过少时可以安排兼职或副手。这步工作是在前面分组分工基础之上进行的。

（3）时间控制。图 2-16 所示为比赛控制台界面。教师可以在这个界面中对时间进行控制，但只能是在实训开始之前进行。实训开始后可以看到时间进度情况，并可以暂停经营过程，以便处理学习过程中各组遇到的问题，做出一些引导、解说等。比赛控制台界面如图 2-16 所示。

（4）指派队长。图 2-17 为分组设置界面，可以从 "源" 列表中搜索每队的 CEO 作为队长，依次分别加入目的列表中（每次只能选中一名 CEO 进行操作）。所有职务需要全部选定人员才可进行下一步，可以一人身兼数职。

注：教师在邀请队长时，需要将自己也邀请至比赛中，但需占用一组！

2）学生端的有关操作

学生登录相应的实训作业后，需要先进入场地，找到所在组（标亮的即为所在组），然后邀请小组成员（根据事前分工安排来进行选择）。这里存在一个现实问题，即可能有的组会有同学没来参加，这个职位就无法完成相关操作，这样会影响整个班级的进程。而这也是实际在课程进行中最容易出现的问题。这时需要教师提前有所安排，即要求组内同学对账号和密码有所交代（如组内成员把账号、密码都留给总经理），万一某位同

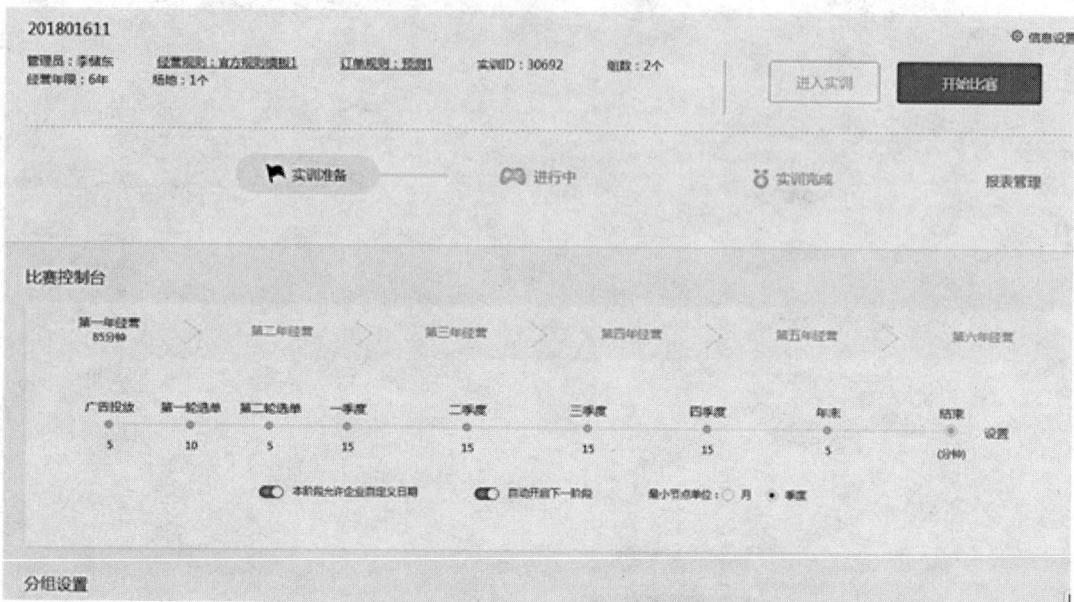

图 2-16　比赛控制台界面

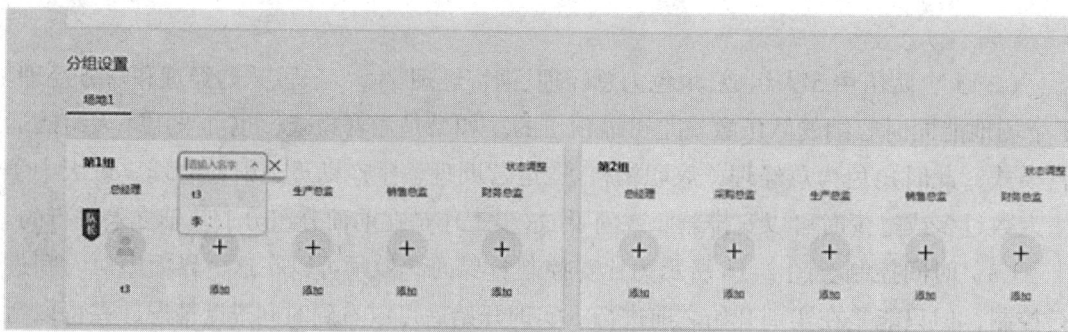

图 2-17　分组设置界面

学某一次课不能参加，或者有这次课能参加，下次课又不能参加的情况，可以提前委托组内其他同学代为登录，使用其权限并行使其职责。特别是第一次邀请成员的操作，如果缺人会影响到整个系统无法启动运行。

特别注意，系统未启动之前，邀请组员时还可进行替换操作。而一旦实训系统开始启动，各组的成员将无法更换。这是"约创"云平台的特别规定，是因比赛的要求而设立的。

最后，各组组长在确认全部组员都已邀请完毕并就位后，示意教师，由教师正式启动，才能"进入比赛"。

3）设置学习计划

教师还可以在如图 2-18 所示的计划管理界面中设置出相应的学习计划。

图 2-18　计划管理界面

操作入口：通过主页面中的"管理—计划管理"，选中课程日期，填入课程及描述即可。

设置学习计划的作用主要包括以下两方面。

①便于所在班级学生直观地看到课程及作业计划安排。

②便于教师统计上课学生的签到情况。

2.3.3　创建俱乐部

"约创"云平台除了作为正常课堂教学使用的实训模式之外，还可以由教师开设俱乐部。这个俱乐部是可以对外部开放的，也就是说可以通过一些经营手段让其他院校更多的学生加入创建的俱乐部中来，参与模拟，组队比赛，这样就可以避免闭门造车，加强与其他院校师生的交流，互相学习，共同提高。同样本校师生也可以参加其他院校所创建的俱乐部。这是"约创"云平台的根本优势所在。

1. 如何创建俱乐部

单击"发现"按钮，进入俱乐部主页。按照提示，即可以创建出属于自己学院的俱乐部，并可以为自己的俱乐部起个名字，但俱乐部名称不能超过 10 个字，同时也可以修改俱乐部头像等有关信息。

操作：在基本信息内，单击"上传图片"按钮，即可修改俱乐部头像。

2. 如何加入俱乐部

（1）在主界面上部通过搜索所要加入的俱乐部名称，如"北京经济管理职业学院"。

（2）单击"关注"和"加入"按钮，即可完成俱乐部加入。

（3）必须要单击"加入"按钮，只单击"关注"按钮是不能进入该俱乐部的比赛的。

3. 如何发布擂台赛

创建了属于自己的俱乐部以后，就可以发布擂台赛了。

目的：吸引有关院校的同学们加入我们所组织的比赛，互相学习，互相促进。

操作：

（1）登录系统。

（2）单击"发现"按钮，进入俱乐部主页。

（3）单击俱乐部名称，进入"我的俱乐部"主页。

（4）单击左下角管理按钮中的"擂台管理"进入创建擂台赛页面。

（5）单击发布比赛，发布队长指派模式的擂台赛，在"完成设置"界面设置俱乐部内部成员为队长。

（6）指派的队长，可以邀请俱乐部其他成员参加比赛。

可以在如图2-19所示的"发布比赛"界面中设置相关比赛参数。

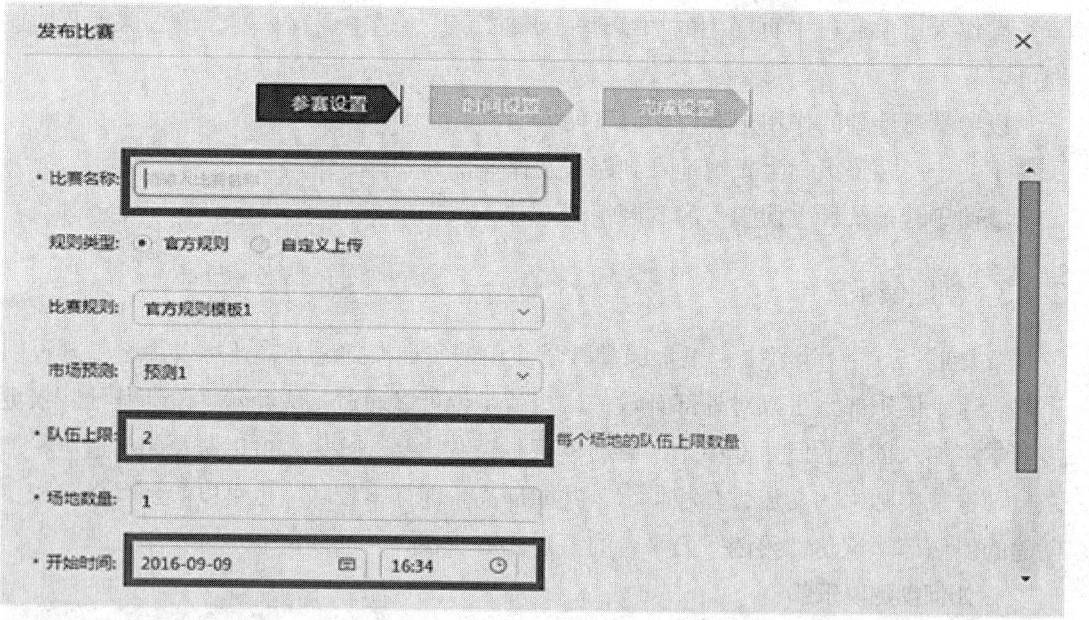

图2-19 "发布比赛"界面

注意：

（1）场地数即为同一时间开始比赛场数。系统允许同一赛题开设多个场地，特别当参赛队伍特别多的时候就可以多设几个场地。但要注意，每个场地内的队伍互为竞争对手，即一个场地是一个模拟市场；而不是所有参赛队伍皆为对手，皆在一个大市场中竞争。例如，场地数量为2即开始了2场同时的比赛，有两个模拟市场。

（2）队伍上限是每个场地需要限定一个最多允许队伍的数量。

（3）比赛时间不能早于现实时间，即只能设定为未来某个时间，这个时间是事先跟各支队伍约定好的。

（4）比赛创建人不能参与本人创建的比赛。

4. 俱乐部成员参加擂台赛

学生要参加到某个擂台赛中，需要进行如下操作。

（1）单击"发现"按钮进入俱乐部主页，单击"擂台"按钮。

（2）找到对应的赛场单击"进入"按钮即可。

当然，前提是该学生已经登录注册本系统账号，并已经加入该俱乐部。

5. 发布话题

我们还可以通过系统发布话题。

操作：单击"话题"按钮，输入标题，单击"内容—发布话题"按钮即可完成话题的发布。

6. 队长指派模式

从主界面的"消息—比赛"进入比赛信息界面。

单击被邀请的赛事，进入队员指派界面。

操作：在图 2-20 所示队员指派界面中，单击"+"按钮选择目标选手。并单击"邀请"按钮。

设置好所有选手后单击"完成指派"按钮。

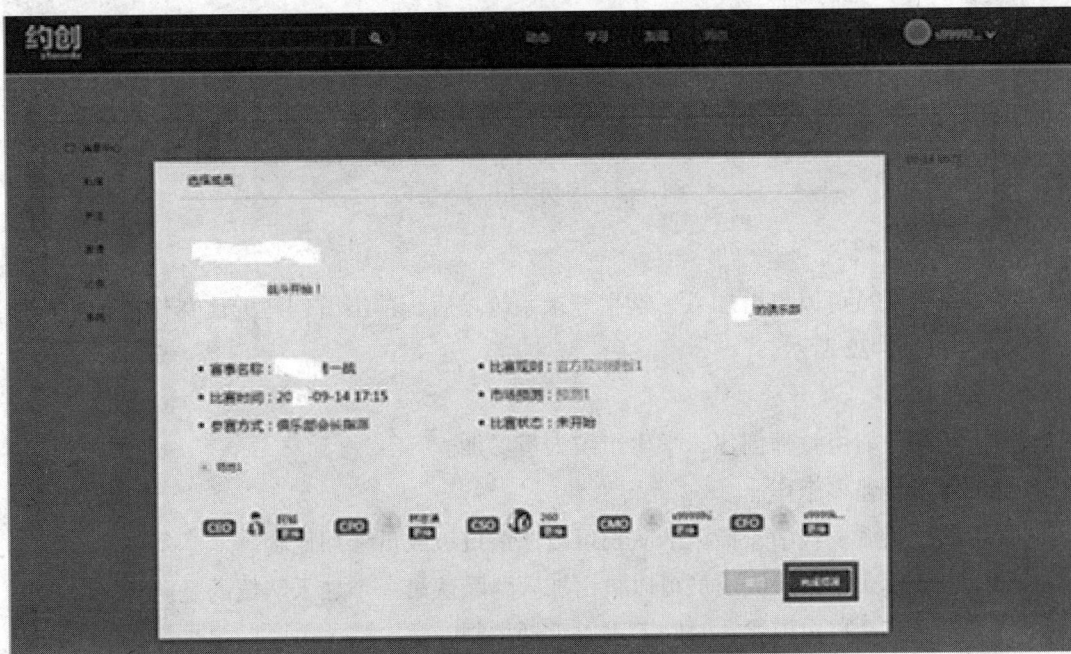

图 2-20 队员指派界面

注意：

（1）完成指派后，在比赛未开始之前还可以更换指派选手。

（2）比赛开始前需完成所有选手的指派，否则，未指派岗位的权限将赋予CEO。

（3）指派界面查看的规则与市场预测，即是当天比赛规则与市场预测。

7. 自由模式

我们也可以采用自由模式，即不预先指派队长，而是自由选择。这样做的好处是可以给一些有特长的同学更大更多的发挥空间。

（1）登录系统。

（2）选择"自由加入"模式如图2-21所示。

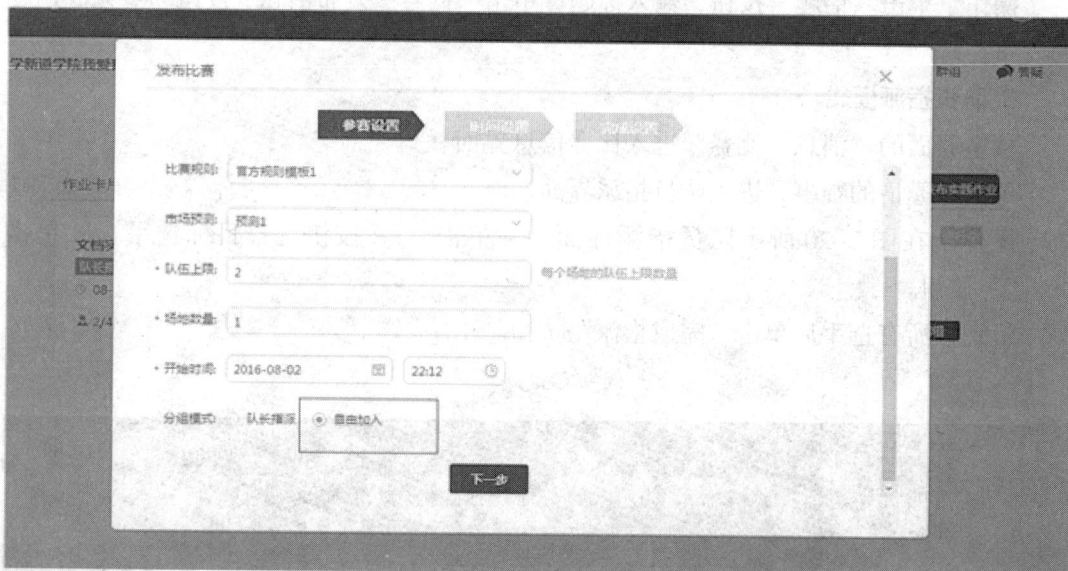

图2-21 设定自由加入模式

（3）班级成员可以自由加入，学生登录系统之后，单击所创建的比赛作业，并且加入队伍，如图2-22所示。

注意事项：

（1）比赛只能由教师创建，学生组织人员参加。

（2）可以创建多个作业。

（3）队长指派模式中，指派的队长可以邀请班级成员参加比赛。

（4）自由模式中，班级成员可以自由加入，默认第一个加入队伍的是队长。

（5）作业都是自由模式，时间不可以手动控制。

（6）一个学生可以加入多场比赛。

图 2-22　自由加入队伍界面

2.3.4　系统控制台

比赛开始后，教师可以进入如图 2-23 所示的时间控制界面，在时间控制台进行时间控制。

图 2-23 中为年初管理界面，年初的时间可以选择暂停、继续、结束。年初在结束一个时间阶段后直接进入下一个阶段，不需要手动单击开始。

（1）年初管理结束之后就进入季度管理。

（2）季度管理中结束了一个阶段，需要手动开始下一个阶段。

（3）以此类推，以下的每年都如同上一年进行操作。

图 2-23　时间控制界面

（4）创建好的教学比赛可以进行重置。

（5）比赛可以被重置，重置后的比赛流程如同新创建的一样。

图 2-24 所示为手动时间控制界面。教师可以通过这个界面对经营模拟过程（年中阶段）的时间进行控制。例如，可以根据需要暂停，进行一些理论知识或操作规则的讲解，或者处理临时出现的一些技术性问题，如电脑与网络的故障等。

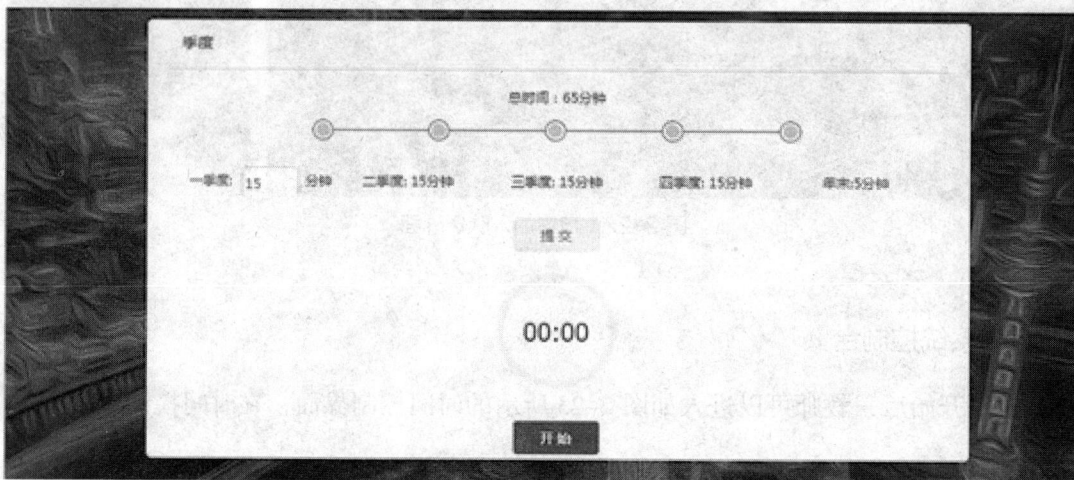

图 2-24　手动时间控制界面

第3章
模拟规则与教学说明

3.1 模拟实训的基本规则

3.1.1 实训的基本运作模式

大学生创业模拟技能实训课程采用团队协同运行方式。全班的学生分为若干个组，每组运营一个虚拟的公司。各虚拟公司由五个岗位（总经理、销售经理、采购经理、生产经理、财务经理）组成。各岗位通过电脑网络实现对公司目前相关岗位的操作，其操作效果马上在云端数据库中得到显示，并可以被其他岗位经理人员看到。公司依靠各岗位之间的协同运作，做出正确的决策，针对竞争对手的决策进行博弈，战胜竞争对手取得较好的市场份额和知名度，通过理想的生产和销售使得公司运营走向良性循环。

大学生创业模拟技能实训课程主要采用实训模式，以俱乐部等其他形式为辅助。因此，教师在组织教学时应充分注意教学实训模式与竞赛模式的不同：目的不同、教学过程不同、教学方式也不同。

3.1.2 实训时间的安排

无论哪种模式，模拟经营都是以一年为周期运行，共进行四年（或六年）。具体可以由教师视情况而做出安排。

每个运行周期（年）可以分年初、年中和年末三个阶段组织教学。三个阶段的操作不重叠，有严格的时间坐标控制着系统进程。这个时间坐标是按照日历模式一天一天运行的，与现实中的情况一样，到了某一天应该完成哪些操作就必须要做出相应的操作；不然，系统就会判定为违规，会扣除一定的信誉度值。当然，这个时间坐标的长短和连续方式是由教师在系统中事先设定好的，每一年经营模拟过程完成后进入下一年运行。具体时间设定可以参考如下。

（1）年初时段：0.5~1 学时（具体由教师设定，比赛时间一般为 35 分钟）。

（2）年中时段：2~4 学时（具体由教师设定，比赛时间一般分为四个季度，每季度系统运行时间大约 15 分钟）。

（3）年末时段：0.5~1 学时（具体由教师设定，比赛时间一般为 10~15 分钟）。

每年运行总时间平均为 3~6 学时（参考值，具体由教师设定）。但第一年运行可以增加一些时间，因为学生需要一个熟悉的过程。正式运行第一年之前，应该对基本操作和相关规则进行讲解说明，让同学们对实训内容有了相当程度的熟悉之后才进行第一年实际运行，也可以考虑安排一年试运行。实训第一年到最后一年结束的总运行时间为16~36学时。当然，还需要加入一些学生分组分工和相关理论知识技能讲解的课时，总课时量可以考虑安排在36~48学时。具体由教学计划统一设定。

每个运行周期（年）中各个阶段时间分配可参考表3-1。

表3-1　每年各阶段的时间分配

序号	阶段	经营活动	运行启动	系统时间	参考学时
1	年初阶段	促销及计划	教师手动	20分钟	0.5学时
2		第一轮申请订单	自动	10分钟	0.25学时
3		第二轮申请订单	自动	5分钟	0.25学时
4	年中阶段	第一季度	教师手动或自动	15分钟	0.5~1学时
5		第二季度	教师手动或自动	15分钟	0.5~1学时
6		第三季度	教师手动或自动	15分钟	0.5~1学时
7		第四季度	教师手动或自动	15分钟	0.5~1学时
8	年末阶段	商业情报收集＋报表审核上报	教师手动或自动	10分钟	0.5~1学时

其中，每阶段的系统时间表示此功能允许操作的时间，超过这个时间，该功能关闭（这个时间也可以由教师事前设定，一旦设定好就不能再变）。参考学时则是可以由教师自由控制的时间（系统时间此时被暂停）。

3.1.3 "年初时段"基本规则

1."年初时段"运行规则

"年初时段"自动限时一般只有35分钟。实训模式建议总学时是1~2学时，即45~90分钟，这是考虑教师需要在交给学生之前及操作过程中适当进行一些规则讲解。这个阶段的主要任务是去参加当年各市场的销售订货会和市场资质的研发投资，广告投放以及制订本年度经营计划等活动。这是全年经营活动的开始，是非常重要的决策阶段。在实际教学过程中，可能会发现同学们对年初阶段的重要性认识不足，以为只是抢订单、投广告。其实，年初是整个公司经营战略的成形期，也是当年经营方案的决策期，公司重要的决策基本都是年初阶段制定下来的。一旦进入年中阶段就主要是执行的问题了。因此，教师组织教学时可以考虑多加一个学时。

本公司的经营模式是先拿到市场订单再组织生产的，即以销定产的生产模式。因此，能够拿到多少订单和争取拿到什么样的订单就成为影响后期生产组织、生产能力规划等环节的重要出发点和依据。此外，这个阶段有一项非常重要的工作就是投入广告费。这个费用将决定本公司在订货会上各家企业之中的知名度排名，而知名度的排名，将直接影响本公司在获取所希望的订单方面的优先权。因此，在大赛模式中，广告投入是非常重要的先机。订单获取分为两个阶段，即第一轮选单和第二轮选单。还有一些其他工作需要在本阶段完成，具体任务及限定时间详细规定见表3-2。

表3-2 "年初时段"任务及责任人

任务	责任人
投放促销广告	总经理
市场资质（ISO）投资	总经理
第一轮申请订单	总经理
第二轮申请订单	总经理
贴现	生产、销售、采购经理
申请调拨资金	财务经理

2. 促销及计划时段的操作规则

（1）本模拟中促销活动主要是通过投放促销广告来体现的。促销广告的直观效果是提升该市场中本公司的知名度排名。因为订单是按照申请公司的知名度排名顺序进行分配的，企业知名度排名靠前的公司，更容易得到订单，分到申请的产品数量。

（2）促销广告的投放只能在规定的时间内进行。广告投放阶段是不能开始抢订单操作的。此阶段中广告投入的数值还可以改动，以最后的投入量为准。系统时间是设定了先后顺序的。广告投放阶段没完成之前，即使应该做的事情都做完了，也不能独自进入下一阶段开始选订单，而必须等待系统时间的前进。当第一次申请订单时段开始时，广告投放自动停止，这时无法继续投放或更改投资额度。

（3）促销广告是分市场投放的，每个市场投放的广告只影响本市场当年的企业知名度排名。

（4）此阶段也是本公司进行战略谋划的时间：广告不能盲目投放，而是为了实现本公司的总体战略意图。

3. 第一轮申请订单的操作规则

（1）订单列表上出现的所有市场的所有产品均可按订单产品数量提交申请。即选择一张订单，填写需要获取的产品数量，然后单击"申请"按钮提交申请，申请产品的数量将被显示在订单表的"申请数"一栏中。

（2）所有岗位都可以进行任何市场的订单申请的操作，系统只更新接受最后一次单击"申请"时的数量。

（3）单击"申请"按钮时，仅对本市场的所有订单的申请数进行更新；清除某张订单的申请数时，只需将该订单的申请数量填为"0"，然后单击"申请"按钮即可。

（4）第一轮申请时间结束后，系统将进行第一轮订单分配，即每张订单按照申请公司的企业知名度排名顺序，依次进行分配，直到该订单的产品数量被分配完毕，本张订单的分配结束，开始下一张订单的分配操作。对于企业知名度排名靠后的公司，就会遇到没有拿到订单或拿到的订单太少，满足不了自身需求的情况。所以，前期的广告投入等操作是非常重要的。

4. 第二轮申请订单操作规则

（1）第一轮未分配完的产品订单在第二轮申请时段会显示出来，已经分配完的订单将不再出现在可选订单中。

（2）其余的操作与第一轮申请一样，直到第二轮申请时间结束，系统自动进行第二次分配。

3.1.4 "年中时段"基本规则

需要说明，"约创"云平台有不同的规则（竞赛和实训的模式）。采用不同的模式，其具体规则和参数是有所不同的。数据虽有差异，但基本原理和规则还是大同小异的。本书中所采用的规则主要以2018年北京市大学生创业模拟大赛所采用的模式规则为基础。

（1）年初是准备和战略决策阶段，年末是总结阶段，只有年中才是真正博弈决策的阶段。年中运行阶段是整个经营模拟的最主要环节，也是耗时最长的环节。"约创"云平台采用了一个虚拟的时间轴来控制整个系统的时间。系统以天逐天的方式运行，即系统时间是一天一天向前运行的。注意，本系统是以30天为一个月，3个月为一个季度，12个月（4个季度）为一年的虚拟运行时间。而不是按照真实的日历来运行的。了解和熟练掌握系统的时间轴是需要一个过程的。

（2）年中运营阶段还规定以季度作为区段限定，即运行被分成了四个季度。每季度运行时间限制在一定学时内完成，如15~45分钟（教师可设定、更改，届时会自动换季）。

（3）通过日历控制时间进程的操作。在每季区段内，各公司可以自主在一个月内选择某个经营日期点进行跳跃时间操作，即可以跳跃到我们所希望的某个时间去。例如，在1月1日到1月30日之间，我们可以向任意日期跳转操作，如跳到本月8号——但只能向前跳选日期，禁止回退到当前日期之前。一定要确保应该进行的操作都已经完成，没有遗漏之后（实战经常会有遗漏的情况），才能推动日历时间向前。

（4）类似情况，在本季度中，还可以提前结束某个月的操作，进入下个月的选日期操作。但每季度最后一个月，只能等待统一的季度结束时间，即要等待其他公司的决策完成，不能自主跳到下个季度开始。这也是分季度区段的意义所在。

（5）日期的跳跃工作只有总经理才有权限操作。

（6）被跳过的时间段中如果还有没有完成的操作，系统会自动根据选定的日期判断跳过的操作是否违约。如从3月1日跳到3月10日，中间的3月5日有原料到货的操作未执行，则跳到 3 月 10 日时，系统自动判定 3 月 5 日应到货的采购订单为"收货违约"。

（7）运行中操作页面上会有一个时间进度条，表示本季度运行的剩余时间（系统时间）。但要注意，如果总经理选择跳跃日期操作后，其他操作岗位需要单击日期旁的刷新按钮，刷新当前日期。

（8）所设定的每季度运行时间一到，系统将自动结束本季度，所有未完成的操作也都将被判定违约，并马上进入下一季度的运行期。

3.1.5 "年末时段"基本规则

（1）"年末时段"是个总结经营状况、汇总数据、分析形势的阶段。在"年末时段"，所有经营操作都会被停止下来。因此，所有经营生产管理方面的操作必须在规定的时间内完成。"年末阶段"需要完成的工作主要包括以下内容：

①经营报表合成；

②经营报表"上报"；

③商业情报收集。

（2）填写完成报表后，要注意需要再单击"提交"按钮后，才能合成上报的四类经营报表。

（3）注意：每次提交都重新合成上报的经营报表，因此各岗位报表可以多次提交，也就是说还有修改的机会。

（4）但合成的经营报表不能直接修改，必须经岗位报表修改后再次合成。

（5）合成后的经营报表最终由总经理或财务经理在"报表上报"功能中，单击"提交报表"按钮完成上报。

（6）"提交报表"完成后，当年经营活动关闭，当年的报表将不能再进行修改。这一点需要特别留意一下。等待"年末"到时后，可以在"报表上报"窗口中，查询本年经营报表的"系统值"和"上报值"的对比数据。

特别说明：

①报表对比数据显示格式为系统值 / 本公司上报值。

②系统会通过显示不同的颜色表示出上报值与系统数据对比的结果是否一致。"绿色"表示系统值与上报值一致；"粉色"表示系统值与上报值不一致；"黄色"表示没有上报数据。

（7）如果没有在规定的时间内上报经营报表，年末结束时，系统自动关闭本年的所有报表操作。这时可以查询经营报表的系统值，但上报值这边是没有数据的。

（8）进入年末时段以后，就可以查询当年的"经营结果排名"，这是阶段性经营成果，也是暂时的排名顺序。

（9）在年末时段还可以通过总经理的"商业情报"功能，查看其他竞争对手的情况。我们将可以看到其他公司的"公司详情"，这对于了解其他公司的经营动向，制定下一步的经营战略是非常重要的功能。

特别提示：

商业情报获取功能仅在年末时段开放，免费或需要支付一定费用（视规则模板而有所不同）查看指定公司的"公司详情"。

3.1.6 "容忍期"和"强制取消/执行"的规定

1."容忍期"的特定含义及相关说明

（1）关于"容忍期"的含义：凡是在规定日期没有完成的业务操作，允许延迟一段时间继续执行，这个延迟的时段称为"容忍期"。

（2）在模拟运行过程中，公司与外界的交易活动（或业务）必须在规定的时间内完成相关的操作，如产品销售订单必须在交货日期前交货，原料订货必须在到货日期收货入库等。

（3）所谓正常操作是指在规定时间内完成了相关操作步骤动作。正常业务操作可以按照规则获得正常的收益，否则会扣减客户满意度分值。

（4）在"容忍期"内除了按照业务要求进行操作外，还必须注意以下两点：第一，要支付相应的违约金，在支付业务费用的同时支付违约金；第二，系统会扣减客户满意度分数（见"客户满意度"的说明）。

2."强制取消/执行"的含义

"容忍期"结束时仍不能完成业务操作时，该业务将被强制处理。

第一种情况：订单"取消"，包括销售订单被取消、采购订单被取消，同时，强制扣除违约金，并另外再扣减"客户满意度"分数，取消的订单将返回市场继续流通。

第二种情况：业务被"强制执行"。即强制执行有关费用的支付，如应还的贷款或利息等连同违约金，被强制从公司账户中扣除。如果账户资金不足，将扣减至负值。可见，无论是强制取消还是强制执行，都不是运营中希望发生的情况，企业应该尽量避免这种情况的发生。

特别说明：

"容忍期"内处理业务和"强制取消/执行"是两种不同的惩罚措施。"容忍期"内处理业务还是要宽松许多的。"容忍期"内，原操作仍然可以进行，只是需要扣缴违约金，并扣减一次客户满意度值，即 CSD1 值；如果到了强制执行阶段，系统则不允许进行原操作，不仅扣除 CSD1，还要继续扣减诚信度值2，即 CSD2。所以，我们一定要努力争取控制住系统状态，能不到"容忍期"就不到"容忍期"，即便到了"容忍期"也马上完成它，不要拖到强制执行阶段，那样损失就过大了。

3.1.7 企业知名度和客户满意度 CSD

本实训系统中特别强调了企业知名度和客户满意度的作用。

企业知名度是公众对企业名称、商标、产品等方面认知和了解的程度。本模拟系统中企业知名度是分市场计算的，各公司在某个市场中的企业知名度排名决定该市场订单分配的先后顺序。企业知名度主要受广告投入效果和客户满意度等因素的影响。

客户满意度（CSD），是反映客户期望值与客户体验的匹配程度的指标，与公司运营中的表现有关。匹配得不好，客户体现不好，说明企业运营中存在着不符合规则的业务行为，系统将减少客户满意度即 CSD 的分值。每项业务的操作都将对 CSD 产生增值或减值的效应。

CSD 的变化规律为：

某市场的 CSD 量化值＝市场当前 CSD 值＋市场 CSD 增值－CSD 减值

其中，CSD 增值每年末自动计算一次。

增值的条件见表 3-3，减值的条件见表 3-4。

而 CSD 减值计算是实时进行的。规则见表 3-5CSD 增减相关规定。

表 3-3 CSD 增值项

类别	影响因素	范围	取值
CSD 增值	交货无违约	单一市场	常量
	市场占有率	单一市场	计算值
	贷款无违约	全部市场	常量
	付款收货无违约	全部市场	常量

表 3-4 CSD 减值项

类别	影响因素		范围	取值
CSD 减值	订单违约交单	容忍期内完成	单一市场	见表 3-5 及说明
		强制执行		
	还贷及利息违约	容忍期内完成	全部市场	
		强制执行		
	付款收货无违约	容忍期内完成	全部市场	
		强制执行		
	支付费用违约	容忍期内完成	全部市场	
		强制执行		

表 3-5　CSD 增减相关规定

序号	动作	岗位	本地CSD	区域CSD	国内CSD	亚洲CSD	国际CSD	是否容忍	扣减违约金
1	交货无违约	系统	+	+	+	+	+	无	无
2	市场份额	系统	+	+	+	+	+	无	无
3	贷款无违约	系统			+			无	无
4	付款收货无违约	系统			+			无	无
5	订单违约交单	运营	－	－	－	－	－	有	有
6	取消订单强制扣除违约金	运营	－	－	－	－	－	有	有
7	原料订单延迟收货违约	运营			－			有	有
8	取消原料订单强制扣违约金	运营			－			有	有
9	零售市场出售原料未能履约	运营			－			有	有
10	零售市场出售产品未能履约	运营			－			有	有
11	代工延迟收货违约	运营			－			有	有
12	取消代工订单并强制扣除违约金	运营			－			有	有
13	贷款延迟还款违约	财务			－			有	有
14	强制扣除应还贷款及违约金	财务			－			有	有
15	贷款利息延迟支付违约	财务			－			有	有
16	强制扣除应还贷利息及违约金	财务			－			有	有
17	延迟支付维修费违约	财务			－			有	有
18	强制扣除维修费及违约金	财务			－			有	有
19	延迟支付厂房租金违约	经理			－			有	有
20	强制扣除厂房租金及违约金	经理			－			有	有

本公司在某个市场中的知名度与该市场的广告和客户满意度有关，具体计算公式为：

某市场企业知名度的量化计算值＝该市场当前 CSD 值 ×（该市场当前年战略广告 × 第 1 年有效权重＋上年战略广告 × 第 2 年有效权重＋前年战略广告 × 第 3 年有效权重）＋该市场当前的促销广告

注：战略广告的效果是分 3 年发挥作用的。广告和各年的有效权重见"广告规则"。

3.1.8　销售类型与订单分配规则

本公司产品的销售方式主要有订货、临时交易和现货交易几种类型。其中，订货销售是最主要的销售形式，它是通过每年年初举行订货会的形式进行的。

1. 年初订货会有关规则

（1）订货会上同时进行五个市场订单申请和订单分配。

（2）每一张销售订单都可以被拆分，即一张订单可能不一定被某一家公司全部取得，而是会分成几份订单，分配给不同的公司。

2. 关于订单申请

（1）各队在规定的时间内，在各市场同时进行订单申请，即多队多市场，同时，有抢订单的意味。（注：只需填写订单中的产品数量，如 A 公司申请：LP1-001 订单的 10 个，B 公司申请 LP1-001 订单的 6 个等，然后单击"申请"按钮。）

（2）每个市场单独申请。

（3）多次提交申请时，只以最后一次提交的申请数量为有效。

（4）取消申请时，只需将申请数改为"0"即可。

3. 关于订单分配

申请时间结束后，系统进行订单分配。订单分配的方式有如下几种：

（1）每张订单按照申请公司的企业知名度排名顺序依次进行分配。

（2）在上述前提下，某公司申请某订单的数量小于该订单剩余数量时，按照申请的数量全额分配，即要多少给多少。

（3）某公司申请某订单的数量大于该订单剩余数量时，按照该订单剩余数量分配，即剩余多少给多少。

（4）当某订单的产品剩余数量为"0"时，该订单分配即告结束，还没排到的公司将落空，得不到此项订单，也就意味着失去一次机会；显然，这是非常不希望发生的情况，也是很有危机的情况。说明本企业的知名度排名落后了，影响了订货计划。

4. 关于知名度排名相同时的订单分配规则

如果两家以上企业知名度排名相同的企业申请了同一张订单，本着平等分配的原则，按照下述方法进行分配。

（1）最小申请量平均分配法：取该订单申请排名相同的公司总数 S_0，和相同排名各队中最小申请数量 P_0，计算：$M_0 = P_0 \times S_0$，如果 M_0 小于订单剩余的产品数量（订单的产品数量足够让各公司都获得 P_0 个产品），则排名相同的各公司将分配到 P_0 数量的产品，依次进行分配，直到 M_0 大于订单剩余的产品数量（订单剩余产品数量不够按照 P_0 平均分配）时，执行"按公司数平均分配法"。

（2）按公司数平均分配法：取剩余公司数 S_0 和订单剩余产品数 U_0 进行比较，当 U_0 大于等于 S_0 时，计算：$M_1 = U_0/S_0$ 取整，按照 M_1 的取整值将产品分配给每个剩余公司，当 U_0 小于 S_0（剩余的产品数量不够剩余公司平均分到 1 个）时，本次分配结束，剩余的产品将进入下个排名的分配。

5. "临时交易"订单的有关说明

临时交易是指在年中运行期内发生已被分配的订单"取消"时，重新设定"价格"和"交货期"后在"临时交易"市场中进行交易的活动。

6. 临时交易遵循如下规则

（1）临时交易发生在年中的运行期间，在订货会的临时交易中进行申请分配操作。

（2）临时交易的订单都是年初订货会中已分配的被"取消"的订单。

（3）临时交易分市场进行。

（4）获取临时交易订单的资质要求与订货会的要求一样，除此之外还要求公司本年在该市场中没有违约交货的记录（包括"违约完成"和"取消"的记录），否则将不能获取本市场的临时交易订单。

（5）当某公司的订单进入容忍期时，将向所有公司的运营经理发布临时交易市场订单预告，预告信息包括市场名、产品名、产品数量、预计上架日期等，当容忍期的订单被取消时，取消当日进入临时交易市场。如果预告的临时订单在容忍期完成交货，则不再进入临时交易市场；换言之，预告的临时交易订单可能上架，也可能不上架。

（6）临时交易的订单只能被运行在临时订单发生日期之后的公司查看到，运行时间在临时订单发生日期之前的公司将无法看到该订单。

（7）临时交易的订单按照操作的系统时间先后顺序进行分配，与企业运行日期和企业知名度排名无关，即按照提交申请的系统时间确定先后。

（8）临时交易的订单可以被分割获得，即可以获取订单中的部分产品数量。

（9）临时交易的订单可以被部分批准，即订单剩余产品数量小于申请数量时，按剩余产品数量分给申请公司（申请公司只能取得部分申请的产品数量）。

（10）临时交易中多次申请同一张订单成功，如果没有交货的情况下，则按照单号合并成一张订单，其中产品数量等于多张订单产品数量之和，已交货的订单除外。

（11）如果临时交易的订单直到交货日到期后的第一天，仍然还有剩余的产品数量没有被申请，该订单将被取消，并且不再进入临时交易市场进行交易。

（12）未分配的订单不跨年，即本年结束后，撤销临时交易市场中的所有未分配的订单。

7."现货市场"订单的有关说明

每年均可在"现货市场"中根据现货市场价格进行产品和原料的买进或卖出的交易活动，有两点需要特别注意。

（1）现货交易过程无须市场准入。

（2）现货交易直接现金结算。

3.1.9 商业情报的有关规定

实训的过程中，其他参赛队的商业情报可以通过以下两个途径进行收集。

第一个途径，每年年初订单分配后，可以从订货会窗口中的"订单分配详情"功能处获取，可以通过"产品""获取人""市场"三个条件任意组合进行过滤筛选，获得整个市场的订单获取情况。

第二个途径，每年年末（10分钟），总经理可以获取各队的"公司详情"。

获取商业情报一般为免费，有的规则下是收费的。

特别提示：

"公司详情"的商业情报在年初和年中是不能获取的。

3.1.10 报表规则

（1）经营报表由"费用表""销售统计表""利润表"和"资产负债表"组成，每个年末各公司须在规定的时间内，完成经营报表的上报。

（2）未能按时完成上报的公司，记录一次"失误"操作。

（3）经营报表是按下列顺序完成。

①填制"岗位统计表"—提交"岗位统计表"—生成"经营报表"—"上报"。

②"岗位统计表"包括"经理统计表""采购统计表""销售统计表""财务统计表"和"生产统计表"，分别由经理、运营经理、财务经理和生产经理各自填报后，提交完成。

（4）"经营报表"是由"岗位统计表"自动生成的，不能直接被修改。

（5）"经营报表"的上报，是在每年年末由总经理单击"上报"按钮完成，每年只允许单击一次"上报"按钮，单击"上报"按钮后，本年经营结束。

（6）"经营报表"格式与数据来源见表3-6~表3-9。

①费用统计表，见表3-6。

表3-6 费用统计表

序号	费用项目	责任岗位
1	管理费	财务经理
2	广告费	总经理
3	设备维护费	财务经理
4	转产及技改	财务经理
5	租金	总经理
6	市场准入投资	总经理
7	产品研发	总经理
8	ISO 资格投资	总经理
9	信息费	总经理
10	培训费	财务经理
11	基本工资	财务经理
12	费用合计	=本表1项~11项之和

注：表中"责任岗位"一栏标注着数据的来源项，如果数据有误，必须由责任岗位修改，并重新生成。在这里是无法直接修改的。

②销售统计表，见表3-7。

表3-7　销售统计表

序号	计算项	P1	P2	P3	P4	P5	合计
1	数量						=本行P1～P5列之和
2	收入						=本行P1～P5列之和
3	成本						=本行P1～P5列之和
4	毛利	=本列2项—3项	=本列2项—3项	=本列2项—3项	=本列2项—3项	=本列2项—3项	=本列2项—3项

注：表中各产品的"数量""收入""成本"数据取自运营岗的统计报表,数据采集的说明详见"运营岗位任务"的报表说明部分。

③利润表，见表3-8。

表3-8　利润表

序号	项目	数据来源
1	销售收入	销售统计表"收入"合计项
2	直接成本	销售统计表"成本"合计项
3	毛利	=本表1项—2项
4	综合费用	费用表"费用合计"项
5	折旧前利润	=本表3项—4项
6	折旧	财务统计表
7	支付利息前利润	=本表5项—6项
8	财务费用	财务统计表
9	营业外收支	财务、原料统计表
10	税前利润	=本表7项—8项+9项
11	所得税	财务统计表
12	净利润	=本表10项—11项

注：表中栏目数据取自本年的"费用表""销售统计表"和岗位统计表,数据采集的说明详见"费用表""销售统计表"以及相关岗位任务中报表部分的说明。

④资产负债表，见表3-9。

表3-9　资产负债表

序号	项目	年初数（上年期末数）	期末数
1	现金		财务统计
2	应收款		财务统计
3	在制品		生产统计
4	产成品		运营统计
5	原材料		运营统计

续表

序号	项目	年初数（上年期末数）	期末数
6	流动资产合计		＝本栏 1 项～5 项之和
7	土地和建筑		经理统计
8	机器与设备		生产统计
9	在建工程		生产统计
10	固定资产合计		＝本栏 7 项＋8 项＋9 项
11	资产总计		＝本栏 6 项＋10 项
12	长期负债		财务统计
13	短期负债		财务统计
14	应付款		财务统计
15	应交税金		＝本年利润表 11 项
16	负债合计		＝本栏 12 项＋13 项＋14 项＋15 项
17	股东资本		财务统计
18	利润留存	*	*＝本表年初 18 项＋年初 19 项
19	本年利润	*	＝本年利润表 12 项
20	所有有权益合计		＝本栏 17 项＋18 项＋19 项
21	负债＋所有者权益总计		＝本栏 16 项＋20 项

注：1. 其中，"年初数"一栏数据取自上年的"资产负债表"。
　　2. "期末数"一栏的数据取自本年的"利润表"以及相关岗位的本年的统计表，数据采集的说明详见"利润表"和相关岗位任务中报表部分的说明。
　　3. 特别注意的是标注"*"的数据，在制作本表时，"年初数"是上年末的"资产负债表"的"期末数"栏的数据，所以制作本表时，需要从上年的"资产负债表"中提取数据。
　　4. 各岗位报表可以在年中阶段的操作过程中随时多次填报或修改并保存最新的更改数据。年末所有经营操作完成后，各岗位再将岗位报表提交给本队财务经理，系统将岗位提交的统计表汇总生成本年经营报表。
　　5. 各公司最终上报的本年经营报表将和系统生成的经营报表对比，并会将不一致的数据标注在最终报表中。系统最终按照系统的经营报表进行经营结果的排名。

3.2　有关运作节点的说明

所谓运作节点，是指系统运行过程中的一些主要操作活动或作业。有关运作节点的注意事项在表 3-10 中加以说明。

表 3-10　运作节点注意事项

运作节点	方式	条件	执行时间
购买厂房	投资		条件满足时
建生产线	投资	有厂房	条件满足时
研发产品	投资		条件满足时
取得资质	投资	研发延续 60 天	条件满足时

续表

运作节点	方式	条件	执行时间
预配	人工，原料		条件满足时
开产	预配上线	预配 + 资质 + 资金	条件满足 + 随时
原料入库	付款提货	订货后 50+ 资金	条件满足时
原料订货	订货	有货	条件满足 + 推进
推进 2 期	2 期生产	上线生产后 90 天	条件满足 + 推进
生产完工	下线入库	2 期推进后 90 天	条件满足 + 推进

作为生产运作管理者，很重要的一项工作目标就是把各个运作节点的工作合理、科学地安排好，使之高效地运营。因此，需要采用一些比较专业的安排工作任务顺序的方法，可以参考"项目管理"或网络计划技术（PERT）。总之，使各工作任务之间高效科学地结合起来，形成并行的效果，而不是等一项工作完成之后才开始进行下一项工作。使整个生产运作系统成为一个完美的工程，如图 3-1 所示。

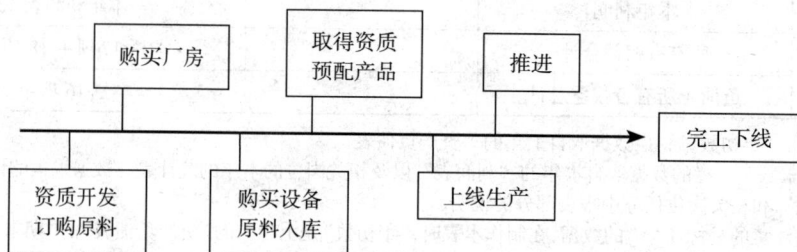

图 3-1 运作节点并行示意图

3.3 相关知识点

3.3.1 制造企业的基本流程

企业生产系统拉动的源头应该在市场和客户。本经营模型是小批量生产类型企业。客户的需求即订单被销售部门拿到后，向自己的研发部门提出建议，同时向企业总体规划部门提出备案。总体规划部门相应做出生产计划和采购计划。生产部门根据研发部门开发出来的生产工艺流程来安排生产能力（扩建厂房和设备等）并组织相应的生产过程。当然，原材料采购、设备技改、工人和销售力量配备等也要同步跟上。采购部门则选择相应的供应商进行必需的物料采购和相应的仓储管理。这中间很重要的一个环节就是库存的有效控制。怎样以较低的库存总量完成生产的需求？因为生产过程对于物料的（周期性）需求是波动性的，因此这类库存的管理是个很复杂、技术性非常强的问题。现代较大型企业一般会采用一些管理软件系统，比如 MRP Ⅱ（制造资源计划）或 ERP（企业资源计划），中小企业会采用功能较单一的专用进销存之类的软件来提高管理的效率。

物流的背后就是相应的资金流动。销售部门把产成品发往市场满足客户需求的同时，产生应收账款，把资金回收回来。而采购部门则是得到供应商提供的物料的同时产生应付账款，支付相应的费用。这样，管理信息—物流—资金流三个层面的相关流动就产生了。怎样让这种流动保持一种健康积极的良性状态，在资金循环的过程中产生较好的利润，并有效投入再生产过程，就是企业管理者们所要追求的目标。上述各环节相互之间的关系以流程图形式表示，如图 3-2 所示。

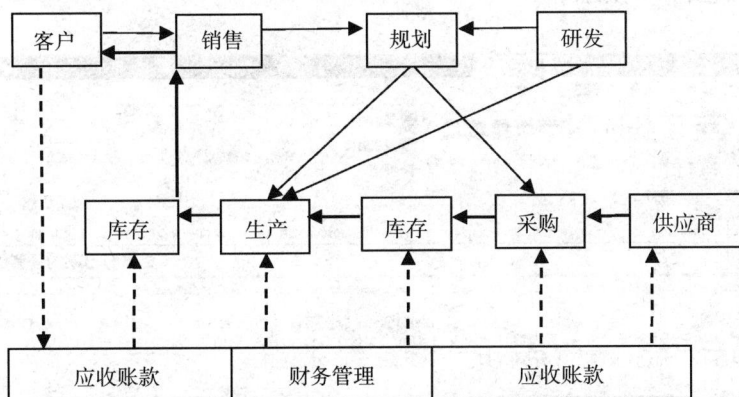

图 3-2　制造企业运营基本流程图

3.3.2　企业经营循环示意图

企业资本投入后变成固定资产和流动资产，二者相互运作生产出符合市场需求的产品，并将其销售出去，获得经营利润，如图 3-3 所示。

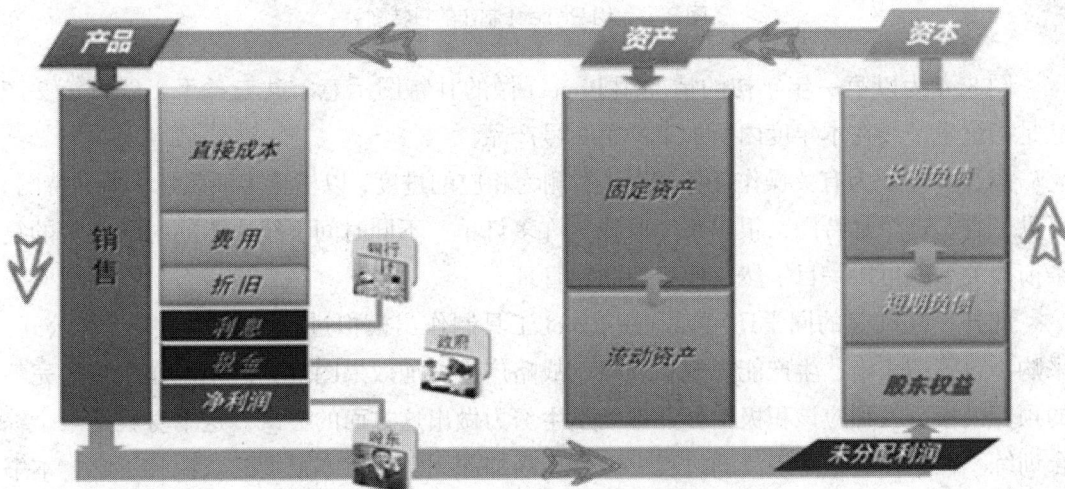

图 3-3　企业经营循环示意图

3.3.3　甘特图、Excel 表等辅助工具的制作与运用

本实训作业过程有着很强烈的时间控制要求。各个时间节点的衔接要求很严格准时，不能有疏漏；否则系统会造成违约，扣除 CSD 等。但现实工作中需要把握时间进度的工作任务有很多，如何有效而又简单直观地控制进度、把握时间衔接呢？建议在条件和时机允许的情况下，同学们可以（业余）学习使用甘特图这种工具，这本来就是管理学中用于进度控制的基本工具。甚至个别基础好的同学可以运用 Project 等专业软件来控制整个过程，如图 3-4 所示。

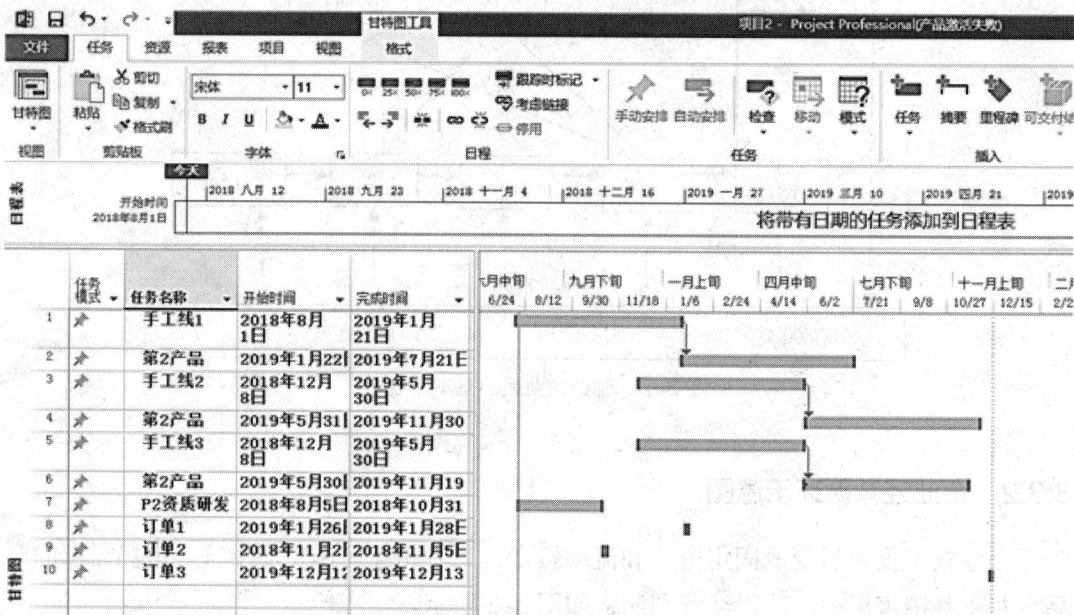

图 3-4　用 Project 制作的甘特图

图 3-4 为以第一年年初的情况用 Project 做的甘特图示意。共三条手工线，第 2 产品是指该生产线在本年度内所加工的第 2 号产品。

图 3-4 左侧为有关操作任务情况，右侧为相应的进度，以横道粗线表示，即甘特图。可见，有了这个甘特图，很多条生产线，许多订单，不同时间下线，不同时间交货的复杂衔接关系就可以一目了然，便于控制和管理。

此外，基础好的同学还可以利用 Excel 工具制作出模拟过程常用的一些计算公式、采购物料管理表格、生产能力规划表格、战略广告叠加效果图等，甚至制作出较为完整的预算模板。教师应该积极引导并帮助学生努力做出这方面的尝试，这本身就是一个综合训练。在制作这些小工具的过程中，会不断加深同学们对本模型的认识和了解。本书后面生产经理的技能点中，将介绍用 Excel 制作甘特图的操作方法。

3.4　博弈中应把握好的几个平衡关系

生产经营型企业在市场竞争中取得胜利的根本是资金循环，带来更多资金扩大再生产，使企业走向良性循环。但是一定要注意这种循环关系本身是需要花费相当多的资金才能维系的。企业需要资金的地方很多，每个环节都跟财务要钱，从战略战术层面来说这些环节的投入又都多多益善，如广告、设备当然是越多投入越有实力，在竞争中失利的可能性越小。然而，这边投入得多了，投入扩大再生产的部分势必就少了。而扩大再生产才是企业真正做大做强的根本所在，也只有通过扩大再生产才能建立起良性的资金循环链。有些公司在比赛中往往采取的措施就是贷款，这当然是一种合法的手段，也可以说是一种非常重要的手段。问题是如何把握一个适当的度，掌握企业运作状态的整体平衡。

下面就模拟过程中应该把握住的几个基本平衡关系加以说明。

（1）把握好广告投入与订单随机性的平衡。广告费用是公司在未知订单详情的情况下预先投入的。而订单的出现是带有随机性的，为了取得知名度排名和选单的优先权，各公司不得不较大地投入广告费用，以避免抢不到理想订单的情况发生。但是投入总量要有规划，不能盲目为抢到订单而拼命地投入。要意识到这种投入是一种风险行为，任何事情都是物极必反的，过多的广告费用同样会拖垮一个企业，所以要把握适中的"度"。

（2）同样地，购买设备虽然是增加企业生产能力的重要手段，也必须注意这是需要大量投入资金的，同样存在着风险问题，需要把握一种平衡。许多参赛队伍是根据获得的订单情况来决定购买多少设备，资金不够就贷款，这是失之偏颇的。设备的购置应该是出于总体的生产经营和能力规划来统筹安排的，而生产计划又是根据对市场需求预测出来的。这是主体框架性的，不能大动。订单的临时性波动适当考虑即可，也只有这样，筹资等方面的工作才能良性地展开，而不是被动地一味贷款。

（3）详细预算与匡算能力的平衡。作为企业经营管理者，需要具备详细的预算能力。对于上述各项主要费用、收支、利息、盈利等都能够很全面地完成预算，为决策者的决策做出重要参考。同时，还要具有一种匡算的能力，即面临稍纵即逝的市场变化，能够迅速做出粗框架的计算，给予决策者及时有效的支持。这在竞争和比赛过程中也是很重要的一种能力。

（4）理想订单与"捡漏"订单的平衡。竞争中企业都希望拿到理想的订单，即交货期和价格都符合本企业需要的订单，为此企业不惜重金投入广告来取得知名度排名领先。但是要注意，一旦广告投入过大，总体收益就会有一个拐点，可能还不如节省广告费"捡漏"订单的效益——虽然可能会拖后、错位工期，甚至量也不足，但总体收益并不一定比广告投入过大差。所以，还是要把握好一个适当的度，注意到这个拐点的存在。

（5）战略广告与战术（促销）广告的平衡。有的企业只侧重促销（年初）广告的投放而忽视战略广告的价值（作用），这是失之偏颇的。战略广告的价值非常重要，它的效果是叠加的，按照约定的比例分三年起作用，要做出叠加效果数据分析。促销广告应该是辅助性的，至少二者应该同等对待，并且协调好二者关系，配合起来发挥最佳效果。

此外，长期贷款与短期贷款之间的平衡也应该把握好。有的企业一味走短期贷款的路子是有问题的，要达到综合平衡的效果才好。

总之，类似需要把握的平衡关系还有很多，可以说，一个高层次的企业经营管理过程就如同走钢丝一样，需要高度的平衡，需要把握好适当的度，全方位去考虑，而不是凭一股子狠劲儿就能做好的事情。这需要教师在教学的过程中去不断发掘，引导学生们把握好这些平衡关系，把经营管理过程做成一个高层次的决策过程，避免用一种赌博式的投机心态来经营一个企业。也就是说，如果上述的一些基本平衡关系不能够很好地把握，不去深入思考管理一个企业深层次的东西，只是把它当作一个游戏去对待，只是为了赢得一个结果，是很容易落入"压宝式""赌博式"的经营状态之中的。作为教师，应该努力把学生向高层次方向引领。

3.5 关于年终讲评的教学建议

"约创"云平台每期结束后都会有当期经营数据的显示，教师可以根据这些数据对各公司的经营状况进行一些讲评。但是这些功能是有限的，不能够很好地将各公司的数据都摆出来进行比较，深入研究分析。因此，学生是无法掌握全局的状况的（当然这是出于比赛和商业竞争的需要）。教师应该注意到这个问题，教学的目的与比赛训练是完全不同的，比赛是为了取胜，为了成绩，而教学实训则是为了让学生真正明白企业运营的机制，在市场竞争中各方面的作用关系，这些关系不通过数据的联通、全盘的分析是讲不清楚的。要做到这一点，教师还必须做一些辅助性的工作。我们依据多年教学经验，给出如下教学建议。

（1）教师可以制作一系列统一格式的表格，如用 Excel，编号后按照发放到各个公司组。

（2）表格可采取数据清单的形式，具体项目可由教师根据教学目的的需要设定。各公司组按照教师要求查找并汇总，填写数据清单。这个过程本身就是引导学生反思和发现问题的过程。

（3）将各公司的分表格收集到教师这边。教师事先制作好一个汇总表格，并已经与各分表格建立好了链接关系，所以数据会自动汇总到教师这里（复制时覆盖原编号文件即可）。

（4）教师掌握了（教学目的）所需要的各公司组的汇总数据，并可根据需要制作出一些分析图表来对各公司的经营情况进行综合讲评。

经过这样全面的综合讲评，各公司组才能够真正对全局有所掌控，了解自己经营管理中存在的问题并有针对性地进行下一步的战略和策略调整。教师也才真正尽到了引导之责。否则，学生组那边总是云里雾里的，会总有一种"吃不准"的感觉，决策时心里是没底的。

当然，具体操作时教师可以灵活一些，有些数据可以不必完全公开（不然学生组可能会有意见），或者有选择地公开；有些话点到为止，让听者明白，局外人不明就理。这样既最大限度保证了企业的内部机密，又能达到教学中引导学生思考和发现问题的效果。

各公司组要求每年经营结束后都进行一次总结，并上交总结报告。可以简洁，有所取舍。基本思路（提纲）参照如下。

（1）本公司的经营战略是否有问题？应如何修正？

（2）在本期经营中存在的技术问题（分生产、销售、产品、市场、财务等方面）有哪些？有什么较大的失误或成功之处？

（3）发生上述（技术问题）情况的原因是什么？

（4）本公司资金情况如何？原因是什么？有什么对策？

（5）下期申请贷款的额度情况如何？目前贷款的利息支付清单如何？

（6）本公司广告投放是否有明确的目标？是否已经过量？

（7）ISO认证和市场开发方面存在什么问题？

（8）战略广告与促销广告的配合策略是什么？

（9）本公司生产能力是否足够？是否应该考虑技改？是否需要调整生产线配置？

（10）本公司应收款情况如何？

（11）本公司应付款情况如何？

（12）本公司产成品库存多少？

（13）本公司在年初抢单阶段存在什么把握不好的问题吗？

（14）本公司年中阶段是否有什么控制不好的问题？

（15）其他自拟（特别）项目：如下期本公司经营战略，公司内部人员调整等。各公司可以自行添加。

以上仅仅是一个参考，还可以有更多引导学生的具体问题。教师可以与前面发给学生填写的表格内容设计结合起来，有侧重地选择一些环节（数据采集），布置下去作为本期总结的重点，并相应地补充讲解有关理论知识和相关技能，这样分解开，每期完成一定的教学目标。总之，通过每期总结让学生们有个思考分析的时间，每期都有所收获和提高；而不是一期完了马上进入下一期，如同游戏一般，那样同学们深入不下去，教学效果是会大打折扣的。

第4章
总经理规则与知识技能

　　总经理是一个企业的最高行政主管，也是企业生产经营管理的决策核心。总经理的决策能力和领导能力在很大程度上决定了一个企业的成败和发展。总经理需要对本企业的长期发展做出战略性规划，协调各部门之间的关系，尤其是当下属各部门主管意见发生冲突时进行沟通和协调。此外，总经理还具有激励员工积极性和监督企业各部门主管履行职责的职能。

　　本模拟系统中总经理办公室界面如图4-1所示。

图4-1　总经理办公室界面

　　上部显示功能：系统时间进度和目前资金情况（单位：万元）。右侧则是一些功能按钮，包括协同通道、消息中心、公司详情和查看年度经营结果等，其中协同通道是去往公司其他各部门的入口，消息中心等则在后面有具体说明。其他办公室界面右侧的功能与此相同，后面将不再重复。本界面下部各操作选项及功能将在后续部分展开说明。

4.1　总经理基本操作

4.1.1　投放广告

本模拟系统中，投放广告是具有战略和战术双重意义的重大举措。广告又分为促销（战术）广告和战略广告。促销广告投放的操作是在"年初订货"阶段中完成操作的。年初阶段还可以做市场分析和临时交易等。战略广告则是在年中阶段进行，此处先谈促销广告的投放。

年初订货一开始会有几分钟时间来进行促销广告的投放（具体时长由系统设定或由教师调整）。本系统中广告所需要的资金是从"总经理"的资金中支付的，如总经理手里现金不够，则无法投放，此时需要向财务申请资金。

操作流程：左下角"年初订货—选单—投放广告"。

图4-2所示为媒体广告投放界面。可以看到，广告投放是按不同市场分别投放的，所以必须在做出战略规划的前提下才能做到有计划、有目的地投放广告。

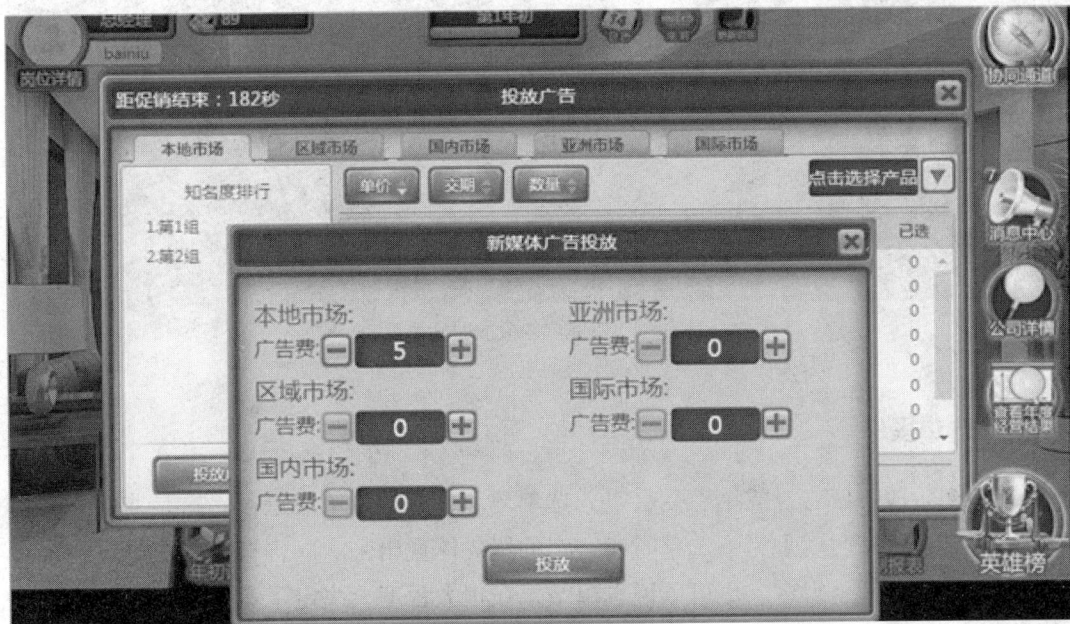

图4-2　媒体广告投放界面

一旦广告投放成功，最直接的效果就是本公司的知名度排名会有所变化。通过刷新可见到本公司排名（知名度）的情况，这个数值是随着其他竞争企业的投放广告而随时发生变化的。排名效果与其他公司的广告投入量是相对比较产生的。

排名靠前则获得理想订单的机会就大。有关规则会在后面相关部分详细说明。另外，广告投放的是市场广告，不是针对单一产品，即"本地"市场投放广告后该市场的所有产品订单均可进行选单。促销广告阶段结束后,"促销广告"按钮会消失,生成选单排名。

最终排名是按照以下因素综合考虑计算出来的:

最终排名 = 促销广告额 + 战略市场广告份额 +CSD 值(客户满意度)

本公司广告投放操作完成后,还不能立即进行订货选单,而是要等到系统时间运行到广告阶段结束才能进行下一阶段的选单。这个时间是预先设定好的,不会因个别公司完成而提前。系统会时时显示本阶段所剩余的时间,如图 4-3 上部所示。

图 4-3　媒体广告投放时间显示

4.1.2　选单操作

在年初阶段,广告投放结束后会进入选单环节,即抢订单的过程。这是非常关键的环节,打广告争排名就是为了选单时有一定的优势体现出来。广告打得好,选单就会有主动权,结果会理想得多,也可以说选单结果在很大程度上决定了竞争结果的成败。因为它直接决定了本年度生产什么产品和生产多少,这些对本公司的后续所有环节的工作都具有决定性的作用。

选单分为第一轮选单和第二轮选单。促销广告阶段结束后界面会直接跳转到第一轮选单界面。选单界面如图 4-4 所示。

选单流程:单击订单"+"或者"-"进行订单数量的选择,确定后单击"选单"按钮,并提示选单成功。

第二轮选单方式相同,进行第一轮剩余订单的选择,如在第一轮没有选够想要的产

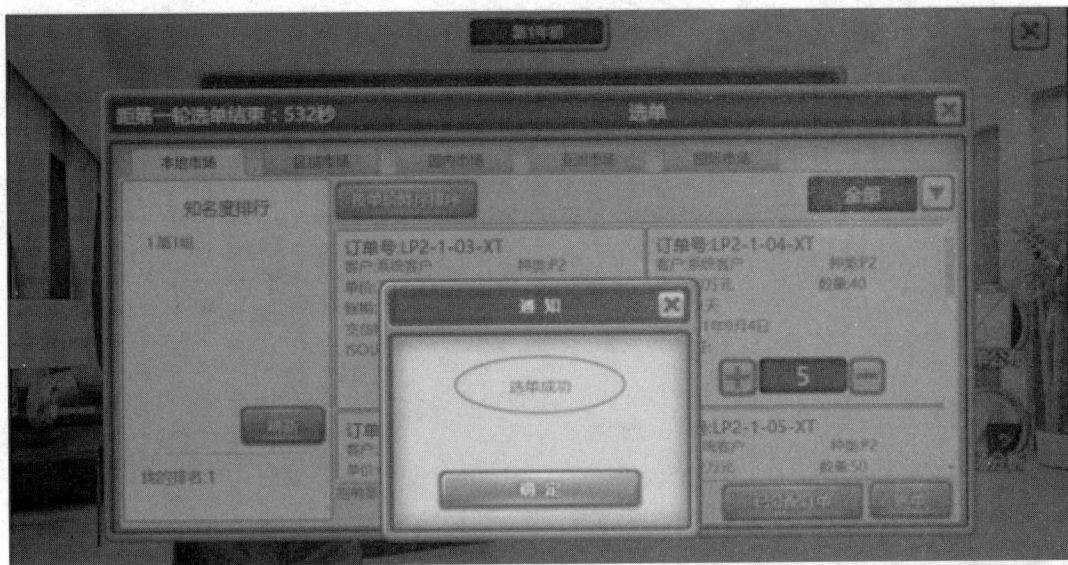

图 4-4　选单界面

品可以通过第二轮选单进行补救。

进行选单时需要注意以下几点。

（1）两轮选单时如果刚好选择了同一张订单（因为订单是可以被拆分的），则实际分配的时候会将两轮数量叠加成同一张订单。

（2）第一、二轮选单轮数之间可以通过"已分配订单"查看自己获取的订单，从而决定是否需要进一步调整或补充订单数量。

（3）如果当前轮数选择订单数量过多或者过少，可以继续"+""-"订单数量，并且单击"选单"按钮。

最终订单的确认，会按照最后一次单击"选单"按钮时的数量为准。但要注意，只能在本轮选单时间内完成此操作。如果第一轮已经结束，则第一轮获取的订单将无法修改。

分配订单数量主要是按照各公司排名先后进行订单的优先分配，即首先满足排名靠前的申请公司和相应数量。选单分配分两次进行，在两轮选单结束时，选单结果会在最后公布出来，如图 4-5 所示。

广告投放及抢单应注意的问题包括：

如果其他公司投入的广告费用更高，本公司知名度排名可能并不能得到实际提升，也就是说广告的效果在这一点上失灵了，这就是前面讲平衡关系时说的风险性。公司与竞争对手拼广告时，一定要注意对手是谁，它的实力如何，如果它的实力比自己强大很多，很可能会把我们带入一个自己玩不起的陷阱：巨额广告费白投，还没抢到理想订单。此外，分析竞争对手的策略也是非常重要的一环。通过广告投放和订单获取情况，要尽早及时地判断出竞争对手的策略是什么，当避则避，当强则强，选择好自己的目标市场，

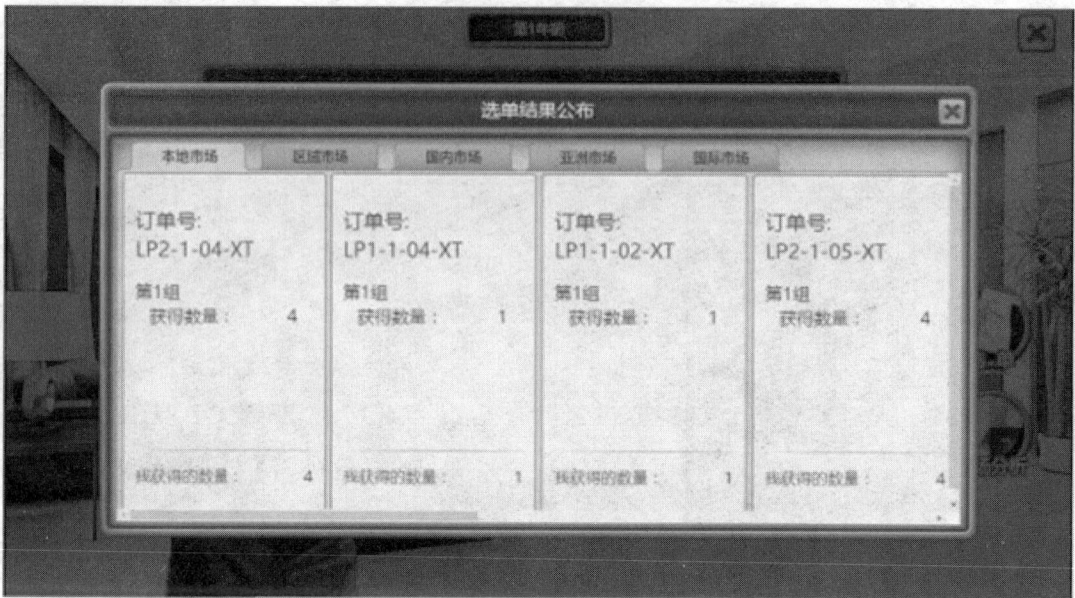

图 4-5　选单结果界面

有针对性地下手。这就是博弈的过程。

年初阶段的广告投放、知名度排序直到选单结果公布操作流程示意如图 4-6 所示。

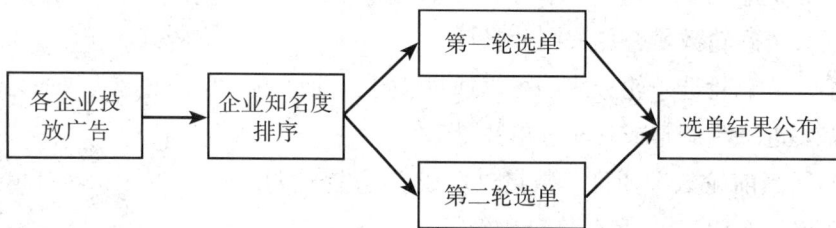

图 4-6　广告及选单操作流程

4.1.3　产品资质研发

在年初时间段内，可以根据本公司的战略规划进行相应的"产品资质研发"操作。想要研发哪种产品需要提前投入相关的资质研发，没有资质是无法进入相关市场的。而向哪个产品投入研发资金是根据公司整体战略规划来考虑的，研发所需要的资金从"总经理"的账上支付。如果总经理没有现金，则无法完成研发操作，需要首先向财务经理申请资金，申请获批，资金到位后才可以进行投资。从这里已经可以看出来，年初阶段其实有非常重要的工作内容需要做出决定：几位公司主管要积极协商、密切合作，制定出广告、设备厂房、产品资质及后面将讲到的认证、市场准入等方面的综合性决策并果断执行。

产品资质研发界面如图 4-7 所示。

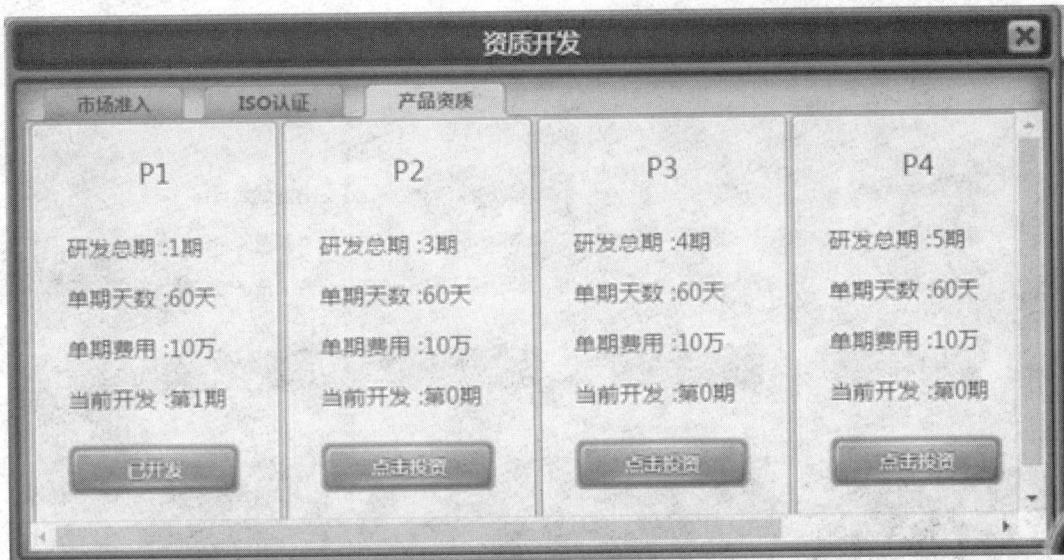

图 4-7 产品资质研发界面

"产品资质"研发操作入口:左上角公司大厦—总经理办公室—资质开发—产品资质。

产品资质研发注意事项有以下几个方面。

(1)本公司的 P 系列共 P1~P5 五种产品。各种产品的研发期有所不同,以期数计。单期天数 60 天。每期投资额 10 万元。有的产品需要 1 期,而有的产品需要几期才能完成研发工作。

(2)只有当达到预定的研发期并达到累计投资总额后,系统才会颁发"生产资格证书"(自动),此后才可投入此种产品的生产。注意,如果忽略了资质问题,其他相关投入已经到位,结果发现不具备资质会给公司造成极大的损失,在市场竞争中吃大亏。

(3)相关操作人员还必须注意,到期后需要手动进行下个周期的研发。这也是容易忽视的一个问题。

4.1.4 市场准入

本模拟系统与真实的市场相似,也采用了市场准入制度。在年初的广告和选单时间段内,还有一项重要的工作必须要考虑,即进行"市场准入"(即开拓市场)的操作。ISO 认证和产品认证的开发投入也是从此进入。

开拓市场花费是从"总经理"的账上支付。如果经理没有现金,则无法开拓,需要向财务经理申请资金。图 4-8 为市场准入界面。

从图 4-8 中可以看到,市场分为本地、区域、国内和亚洲(有的经营模板还会有国际)几个市场,不同的市场是需要分别开发投入的。很显然,这也是需要在年初阶段与公司的总体战略一起进行整体决策的。

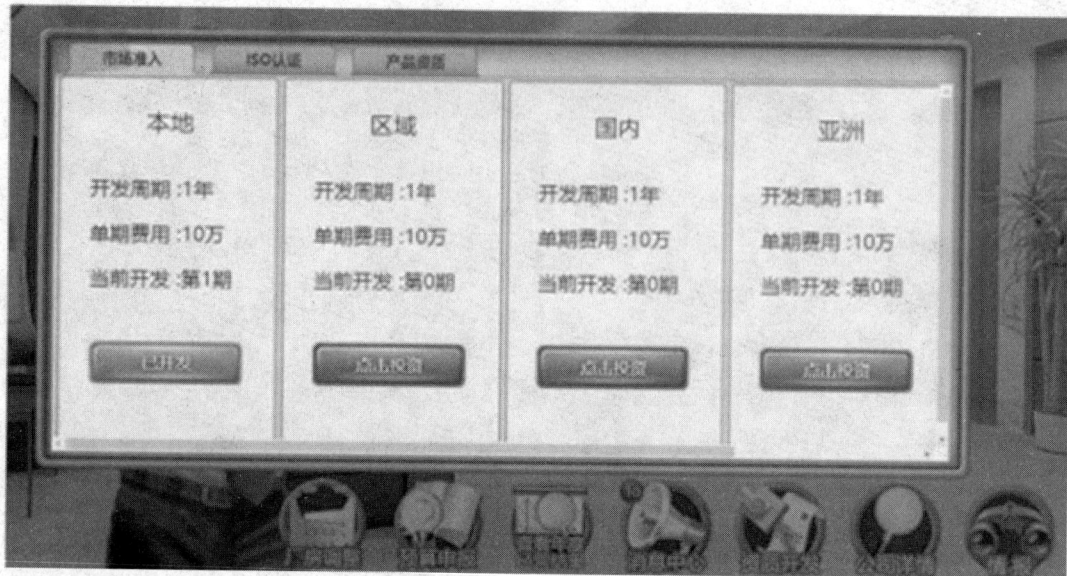

图 4-8　市场准入界面

"市场准入"资质的操作入口：左上角公司大厦—总经理办公室—资质开发—市场准入。

市场准入注意事项：资质开发完成后即可以选择具备相应资质的订单。如"区域市场"开发周期一年，即目前投入开发之后，下一年才可以在该市场选择相应资质的订单。

4.1.5　ISO 系列认证

ISO 系列认证有质量认证 ISO 9000 和环境认证 ISO 14000 两个系列。

在年初的广告和选单时间段内，总经理还需要考虑什么时间进行什么系列的认证问题。

认证需要花费一定的资金，资金不够就应该向财务部门申请预算。认证工作在图 4-9 所示的界面中完成。

"ISO 认证"操作入口：左上角公司大厦—总经理办公室—资质开发—ISO 认证。

ISO 认证注意事项：如果不提前进行"ISO 认证"工作，选单时有些订单是没有资格选择的。只有认证开发结束后才可以选择具备相应认证的订单。ISO 9000 和 ISO 14000 开发周期均为一年。

4.1.6　*厂房调整*

总经理可以对厂房进行购买或租用及续租操作。显然，这个操作要根据生产能力规划安排，需要与生产经理密切协商进行。如图 4-10 所示，本公司所购买或租赁的厂房在此界面中可以进行调整和相应的操作。

厂房调整注意：租用中的厂房是无法进行从租赁状态转为购买状态操作的。

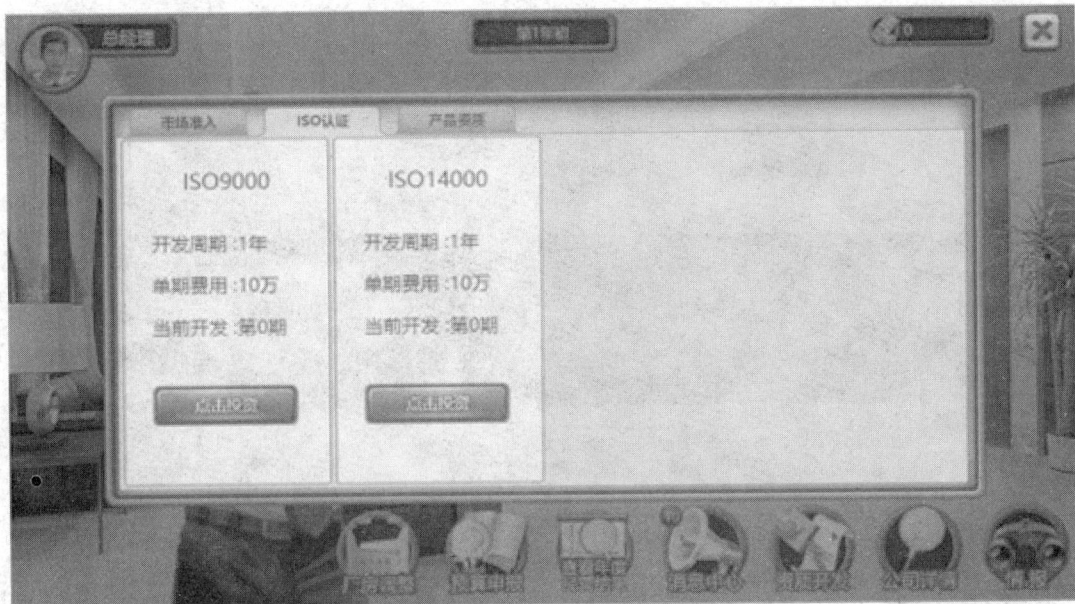

图 4-9　ISO 认证界面

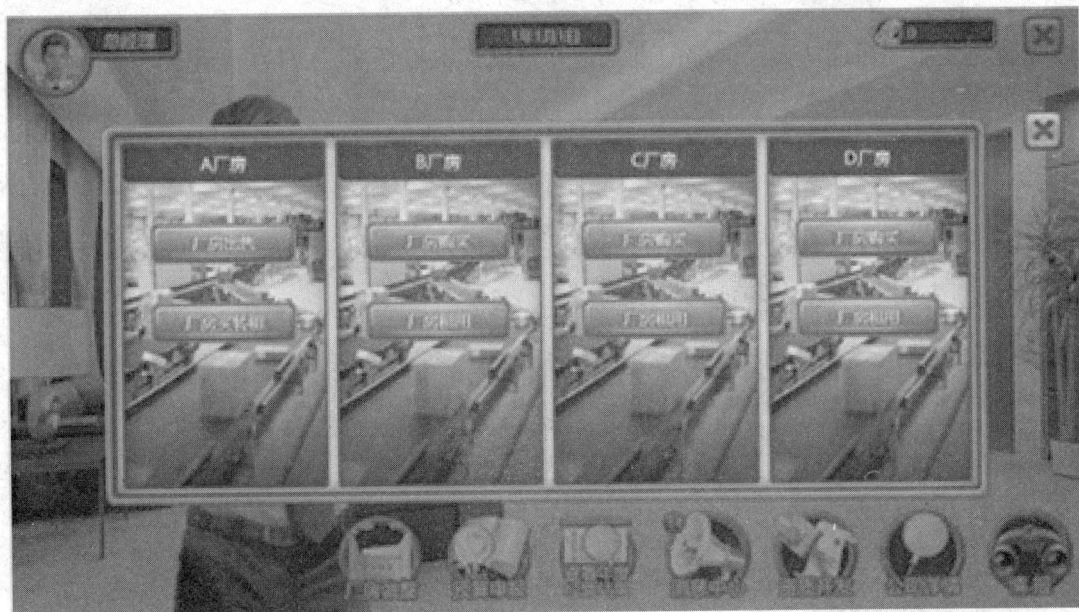

图 4-10　厂房调整界面

4.1.7　预算申报

如前所述，各部门都可能会用到资金，这就要向财务部申报预算。这不但是总经理，也是各个岗位获取资金的唯一方法。前文已经多次涉及向财务经理申请预算的需要。图 4-11 是以总经理为例，显示了其预算申报的界面，其他各部门经理的操作也是一样的。

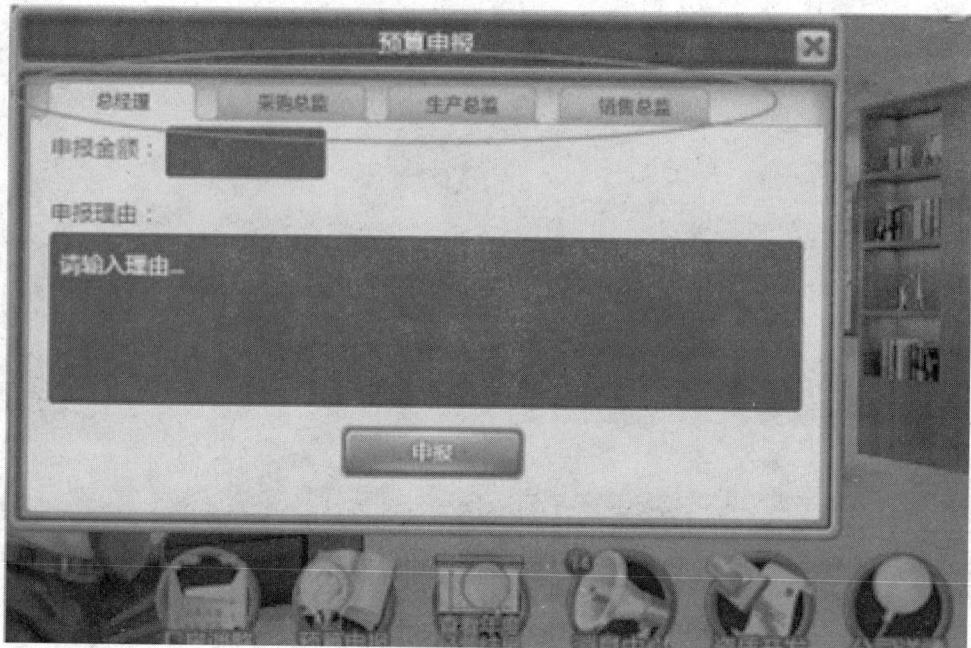

图 4-11　预算申报界面

但需要通过协同通道从自己的部门进入，并且输入申报金额，进行申报操作，并由财务部审批后方可获取资金。

4.1.8　消息中心

消息中心是可以查看所有岗位的资金投放及运作情况的一个途径，也是获取有关信息的重要手段。图 4-12 为消息中心示意图。

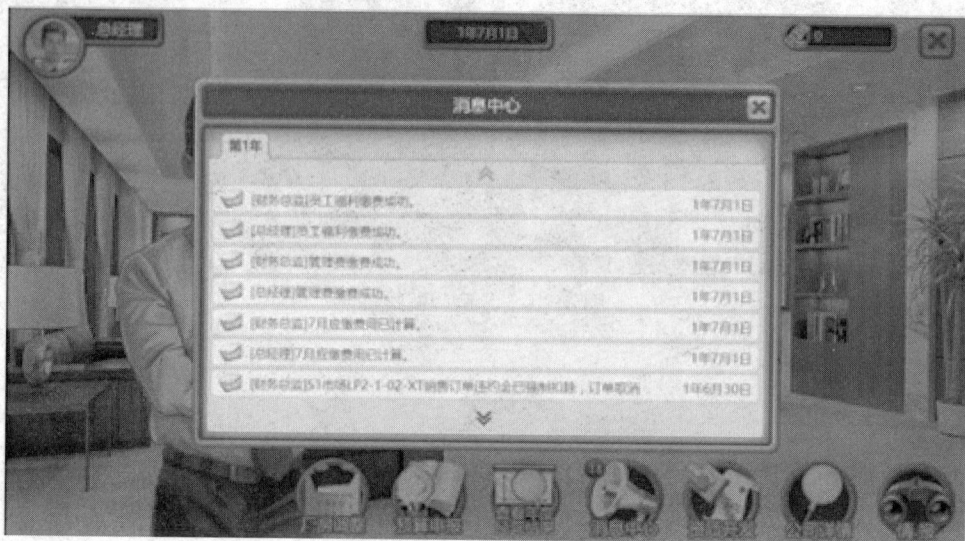

图 4-12　消息中心示意图

4.1.9 公司详情

经理人员还可以查询公司详情，随时查看公司内所有岗位的当前情况。如"资金状况""产品库存""原料库存""厂房状况""生产线状况""资质状况""操作人员""CSD的集合""知名度的集合"等情况。图4-13为公司详情界面。

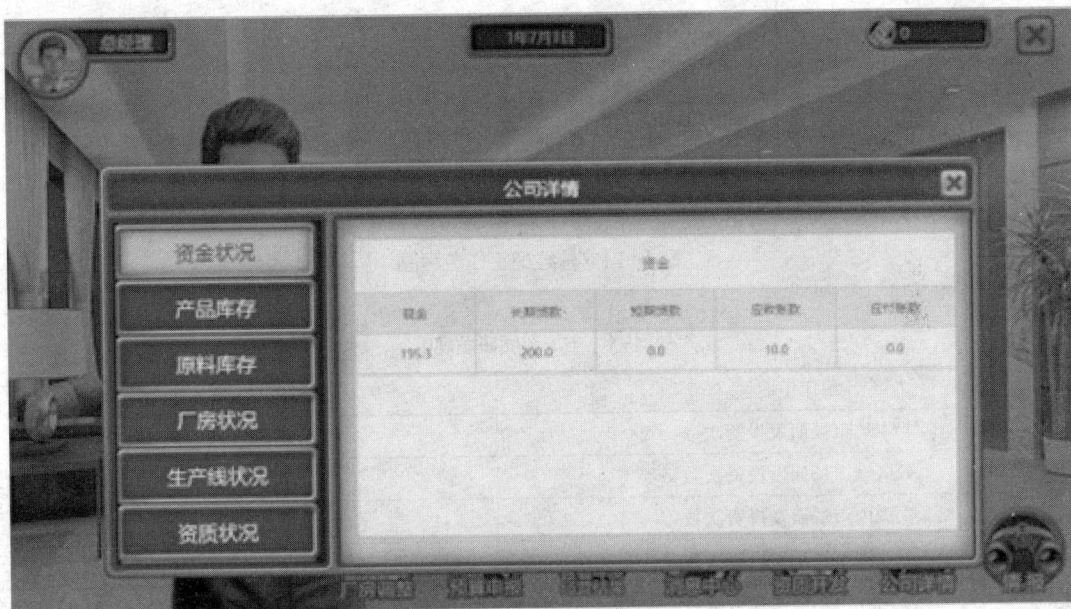

图4-13　公司详情界面

4.1.10 情报获取

通过投入资金对市场进行调查，可以从事一些情况的收集工作，从而了解其他竞争对手的情况。本系统可以查看到其他组一个月内的公司情况，详见有关规则。

4.2 总经理有关规则

4.2.1 总经理工作流程图

总经理在本模拟系统中的主要操作性工作流程如图4-14所示。

4.2.2 市场资质研发规则

总经理还需要关注市场资质研发工作。市场资质研发工作关系到本公司产品未来的市场发展前景。战略定位于某个市场时，就需要提前做好相应的市场准入资质的研发投资。具体规则见表4-1。

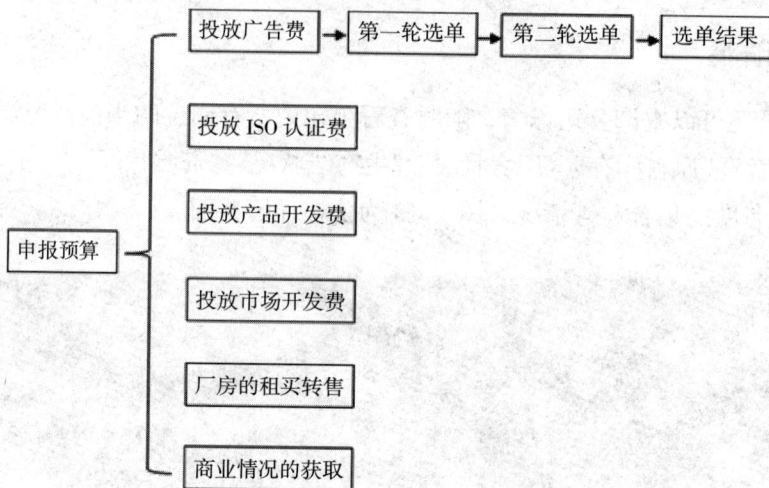

图 4-14　总经理工作流程图

表 4-1　市场资质研发规则

每年投资额	10（万元）
本地市场研发投资次数	1
区域市场研发投资次数	1
国内市场研发投资次数	2
亚洲市场研发投资次数	3
国际市场研发投资次数	4

注：1. 每期投资额均为 10 万元，但不同的市场研发投资所需要的期数是不同的；
　　2. 越远的市场越需要更多期的投资；
　　3. 市场资质研发只能在每年年初阶段进行；
　　4. 每年只能进行一次投资；
　　5. 达到上述最后一次投资后，下一年资质才能生效，即有资格进入该市场申请订单。

4.2.3　产品生产资质研发规则

本公司的 P 系列产品是需要取得相应的生产资质才可以进行生产的，而有关资质是通过预先做出一定的投资才能获取的，并且还要注意不同产品资质其投资期是不同的。这是一个研发的过程，P1~P5，编号越靠后的产品投资期越长，同时投入的资金也越多。具体规则见表 4-2。

表 4-2　产品生产资质研发规则

序号	产品	投资期	每期投资额 / 万元	每期天数 / 天
1	P1	1	10	60
2	P2	3	10	60

续表

序号	产品	投资期	每期投资额 / 万元	每期天数 / 天
3	P3	4	10	60
4	P4	5	10	60
5	P5	6	10	60

注：1. 与其他资质不同，产品生产的资质只能在年中运行阶段进行产品生产资质的研发，即每年的 1 月 1 日—12 月 31 日期间；

　　2. 研发过程是以每期投资额投入的日期开始计时，经过研发期（规定的天数）之后，才算是完成一期研发；

　　3. 每期研发完成后，即上期研发到期日的第二天（如到期日是 2 月 28 日，可以开始下一期研发投入的时间是 3 月 1 日），才能开始下期投资研发；可以选择马上开始下期研发，也可选择在之后的任何日期开始下期投资研发；

　　4. 最后一次投资研发到期后，累计的研发投入时间和资金都达到要求后，系统自动授予产品生产资质（注意最后一次研发结束日的第二天资质才能生效）；

　　5. 只有获得产品资质后才允许生产线开工生产；

　　6. 本公司所获得的产品生产资质是不能够转卖的。

4.2.4　ISO 认证资质规则

有些订单是需要生产企业具有 ISO 认证资质的。有的订单要求 ISO 9000 认证，有的要求 ISO 14000 认证，有的则两种认证都要求，当然也有的订单一种认证都不需要。一般来说，越到市场竞争的后期，对认证的要求会越多、越高，没有相应的资质将无法顺利完成订单。因此，企业需要提前进行相应的 ISO 认证工作。具体来说，就是要投入资金，每期投资额为 10 万元，累计完成投资总期数后，系统自动颁发 ISO 资质。投资次数等规则见表 4-3。

表 4-3　ISO 资质认证投资次数

ISO 9000 研发投资次数	2
ISO 14000 研发投资次数	3

4.2.5　厂房有关规则

企业进行生产首先需要有厂房，厂房是安装设备所必需的条件之一。设备安装需要有足够的厂房可供使用才行，但也要注意厂房的资金占用是很大的。厂房可以租也可以买。

操作入口：总经理办公室。厂房有关规则详见表 4-4。

表 4-4　厂房有关规则

生产线容量 / 条	4
购买价格 / 万元	200
每年租金 / 万元	50

续表

出售账期 / 天		120
租金违约金比例 /%		0.1
违约容忍期限 / 天		30
CSD	减数 1	0.1
CSD	减数 2	0.1

注：1. 厂房租用以一年为期，每年支付租金，租用开始日期是支付租金日期，下一年到期日前（含到期当天）
　　　必须支付下一年的租金，否则将产生违约；
　　2. 租金到期前 30 天，便可进行续租支付；
　　3. 租金支付"容忍期"内支付厂房租金时，必须连同违约金一起支付，并扣减所有市场的 CSD 值(CSD 减数 1)；
　　4. 如果过了"容忍期"仍未支付租金，系统将强制扣除租金及违约金，并扣减所有市场的 CSD（CSD 减
　　　值 1 和减值 2）；
　　5. 厂房退租，需要先出售厂房内的全部生产线；
　　6. 租用的厂房可以转为买进，租金不退；
　　7. 购买的厂房可以改为租用，具体操作步骤为：先支付一年的租金，成功后，再出售厂房；
　　8. 出售厂房后的回款，计入应收账款，账期为表格中的出售账期。

4.2.6　广告和企业知名度规则

广告是产品营销中必需的重要策略。本模拟系统中广告投入有两种类型，一种为促销广告；另一种为品牌广告，即战略广告。

广告费投入的效果主要表现为提升本市场"企业知名度"排名，而"企业知名度"排名对于获取订单而言是非常重要的。

其中，促销广告只能在年初订单申请前进行投放，直接作用于本年度企业知名度排名。本年年中运行开始后，促销广告不再影响企业知名度排名。

品牌广告在年中任何时间都可在战略市场中进行投放；品牌广告对知名度有延续 3 年的影响，即投放的广告参与各年（三年）知名度计算。详细参数见表 4-5。

表 4-5　广告投放规则

广告类型	品牌广告	促销广告
投放时间	每季度	每年订货会前
市场	分市场投放	分市场
广告效应延迟时间	3 年	当年有效
广告基数	投入该市场有效品牌广告总和	该市场的促销广告总和
第 1 年有效权重	0.6	1
第 2 年有效权重	0.3	0
第 3 年有效权重	0.1	0

注：1. "企业知名度"分市场进行排名；
　　2. 战略广告分市场投放；
　　3. 战略广告在年中经营期间任何时间都可以投放；
　　4. 促销广告只有在年初订货会申请订单前的时段才能投放，仅投放当年订货会期间有效影响企业知名度；
　　5. 促销广告分市场投放，仅影响投放的市场企业知名度排名；
　　6. 战略广告在三年中的有效权重比例可能会随着所选用经营模板的不同而有所不同。

4.2.7　运行日期跳转的规则

本模拟系统有一个运行时间轴，即系统时间是一天天实时运行的。到哪一天就必须完成哪一天必须完成的操作，否则就同真实的企业经营一样，会造成违约和相关的损失。允许向前跳转，但只能在"年中"阶段控制本公司的运行日期，即只有年中阶段才可以实现时间的跳转。

4.2.8　商业情报获取规则

在年末时段，可以通过总经理的"商业情报"功能，查看任何公司的"公司详情"，以便于了解其他公司的经营动向，制定合理的经营战略。这是很重要的获取市场和竞争对手信息的来源。

特别提示：商业情报获取功能仅在年末时段开放，需要支付0万元（即免费）查看指定公司的"公司详情"（注：也有的规则模板中是可以请人跟踪一家企业的情况，30天，付费4万元）。

4.2.9　总经理报表

本模拟系统要求不只是取得战绩，还需要做得明白。胜利知道怎么胜的，失败知道败在哪里。反过来说，对于经营数据的管理和分析处理也是对于总经理以及其他经理人员的一项基本要求。为此，系统要求总经理在每年的经营中，填报"总经理统计报表"。填报时，只需按照下列项目填报"金额"栏，并按照各项的"金额项填报说明"，汇总当年发生的金额数据填报，见表4-6。

表4-6　总经理统计报表

项目	"金额"项填报说明	更新"目标表"的表项说明
广告费	当年战略和促销广告投放总额	"费用表"广告费（第2项）
租金	当年支付的厂房租金	"费用表"租金（第5项）
市场准入投资	当年市场资质投资总额	"费用表"市场准入投资（第6项）
产品研发	当年产品研发资质投资总额	"费用表"产品研发（第7项）
ISO资格投资	当年ISO资质投资总额	"费用表"ISO资格投资（第8项）
信息费	当年购买商业情报的总费用	"费用表"信息费（第9项）
厂房价值	当前已购买的厂房总价值	"资产负债表"土地建筑（第7项）

表4-6中的"更新'目标表'的表项说明"说明所填报的"金额"项将更新公司经营报表中的哪张报表的哪项数据。如果经营报表出现问题，则可判断是哪个岗位数据的问题。

注意：统计报表可以在年中和年末的任何时间进行填报，每次填报后单击"暂存"按钮保存数据，或单击"提交"按钮并进入经营报表。

4.2.10　战略市场大厦

战略市场大厦是投放战略广告的所在，系统将按照投放额度大小的相对比较效果决定其之后年份的知名度排行。图 4-15 所示为战略广告投放的操作界面情况。

注意：战略广告的投放，广告资金花费"总经理"的资金。总经理应准备好足够的现金，否则无法投放。

战略广告份额按照 60%、30%、10% 影响第二年、第三年、第四年的知名度。因此，总经理需要做出叠加效果计算和分析，根据预判对手及市场的情况做出相应的安排。"把好钢用在刀刃上"，广告投入在真实的市场环境和竞赛中的花费都是巨大的。

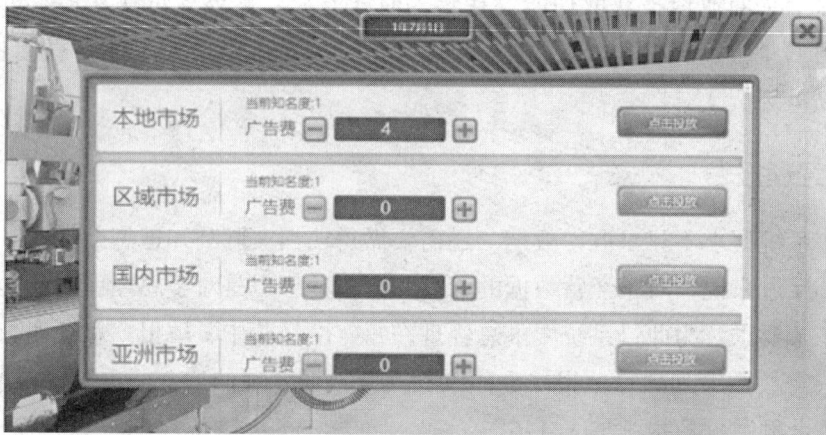

图 4-15　战略广告投放情况界面

教师应该特别提醒学生们注意战略广告的投入与管理，这在真正的博弈对抗中是非常关键的环节，必须做深做细。正如前面讲过的，本公司生产类型是先获取订单再组织生产，因此能否取得理想的足够的订单将成为影响最终竞争胜败的关键。因为公司能够投入的资金总是有限的，把有限的资金做到最合理的利用，形成一个很好的战略广告叠加效果，刚好克制主要竞争对手的投入，才能做到每次都能得到知名度的优先权，排名在前，从而有机会得到理想的订单，为后面的竞争打下一个好基础。

4.3　总经理应掌握的知识和技能

4.3.1　总经理应掌握的知识

1. 企业战略与生产运作战略

企业战略是对企业重大问题和长远发展的基本思考，是企业在近年内甚至十几年内将采取的重要行动规划，是一种战略定位，是企业在竞争的环境中获得优势的根本性决定要素。

本模拟中会比较侧重考虑在企业长远战略指导下的生产运作战略。生产运营战略是指企业根据选定的目标市场和产品特点来构造其运营系统时所遵循的指导思想以及在这样的指导思想下的一系列决策，具体包括生产能力规划、库存运营模式等。

企业战略与生产运作战略的关系：企业战略是企业的最高管理层决策者制订的关系全局的、长期的战略行为，起统率全局的作用，是一种长远的规划；而企业的生产运作战略属于职能战略，是企业战略的重要组成部分之一，是企业为了实现总体战略从生产系统的建立、运行到如何通过生产运作系统来实现组织整体目标而规定的行动纲领。图4-16企业战略框架图。

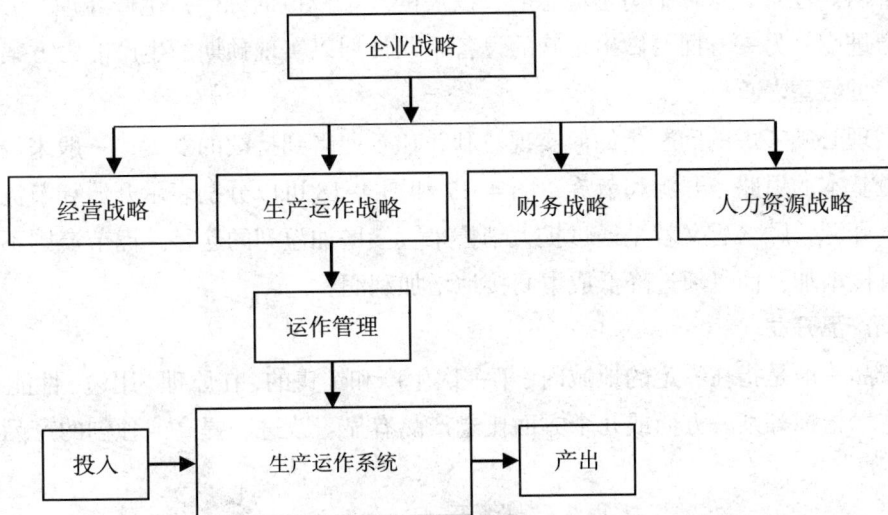

图 4-16　企业战略框架图

生产运作战略的目标必须从企业战略开始构架。它必须明确回答以下问题：现在和未来数年内，企业的生产运作系统将以什么方式保障产品的生产、满足市场需求；怎样从根本上保证企业的生产系统具备竞争优势？

为达到这样的目标，需要从成本、质量、交货速度、系统柔性四个方面来打造生产系统，提高企业竞争力。在这四个目标要素之中应该做出判断：哪个因素对提高竞争力是最重要的，就集中企业的主要资源重点突破。

此外，需要注意的问题是，这四个目标之间会发生冲突，如要提高产量和供货速度，则难以提高制造柔性，而低成本战略也往往与高柔性、快速交货相矛盾。这样就产生了多目标平衡问题。

如何在这多个目标的平衡之中取得最优化的决策才是作为生产主管人员真正应该注意的问题，也是我们在模拟训练过程中需要特别培养学生们学习和掌握的地方。

2. 生产能力与生产计划

生产能力是指企业全部生产性固定资产（包括主要生产设备、辅助生产设备、起重运输设备、动力设备及有关厂房和生产建筑物等），在一定的时期内、在一定的生产技术和组织条件下，所能生产一定种类产品的最大产量。或者说生产能力是指各个生产环节、各种固定资产在保持生产要求的一定比例关系的条件下，所具有的综合生产能力。但这只是一个理论上的概念，称为计划能力，而在现实工作中往往采用的是现实生产能力。现实生产能力受到许多因素的制约，如设备、工艺流程、人员和工作时间制度等。

生产计划的作用就是要充分利用企业的生产能力和其他资源，保证按质、按量、按品种、按期限地完成订货合同，满足市场需求，尽可能地提高企业的经济效益，增加利润。

而作为生产经理，一个很重要的职能就是要做好生产能力与生产任务（订单计划）之间的平衡。注意，这种平衡是动态的、发展的。本模拟训练中，生产经理一方面要把握住生产进度，另一方面要做出正确的设备采购计划以实现预期的生产能力方案。

3. 企业经营之道

总经理必须考虑的问题是如何实现盈利，让企业得到持续的发展，一般来说，主要有两种最基本的思路：开源和节流。图 4-17 和图 4-18 可以分别表示开源和节流的原理与不同。开源，顾名思义就是通过扩大销售来直接增加盈利的途径。而节流则不是通过销售的直接增加，而是通过降低成本间接地增加利润。

4. 新产品开发

新产品一般是指在一定的地域内，第一次生产和销售的，在原理、用途、性能、结构、材料、技术指标等某一方面或几个方面比老产品有显著改进、提高或独创的产品。本模

开源 —— 努力扩大销售

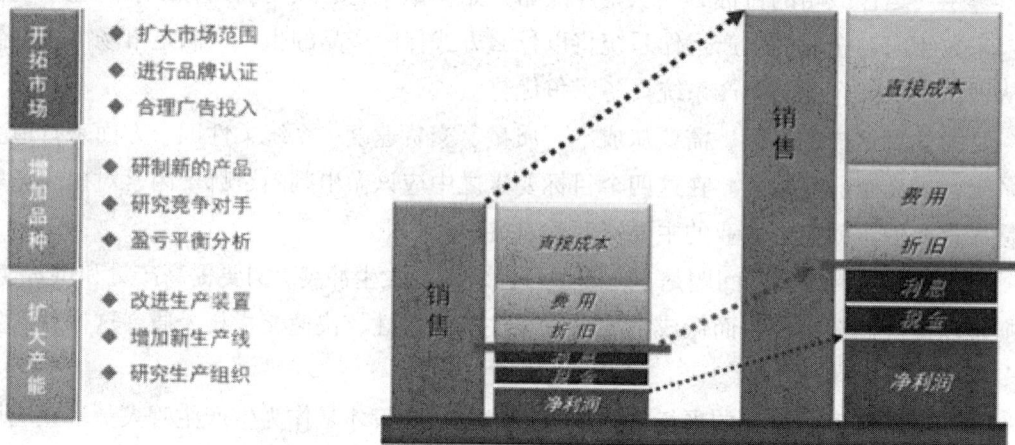

图 4-17　企业经营——开源示意图

节流 —— 尽力降低成本

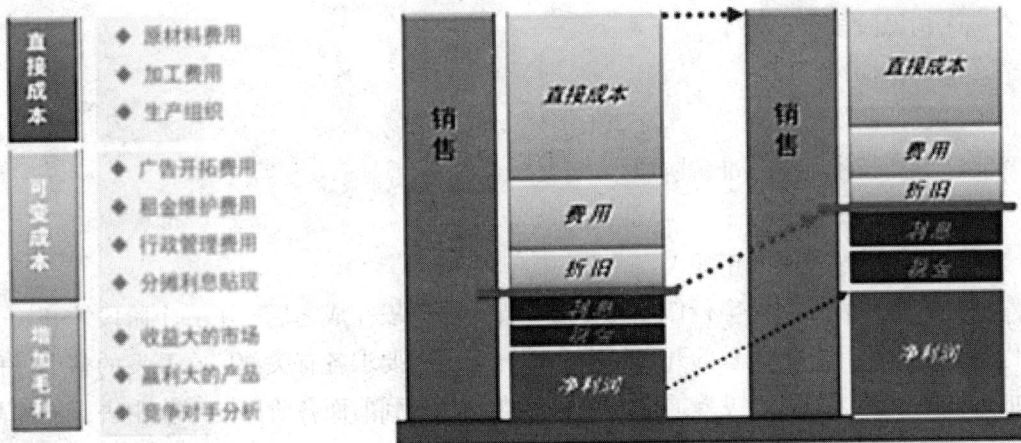

图 4-18 企业经营——节流示意图

拟系统中用 P1~P5 代表着新产品开发的系列。

新产品具备下列特点中的某一个或几个才可算作新产品：

①确实具有新的设计原理、构思或设计；

②采用了新型材料，从而使产品的性能有了较大幅度的提高；

③产品结构有明显的改进，或者扩大了产品的适用范围。

新产品开发并不是一个简单的事情，它需要非常慎重地抉择。决策一旦错误会给企业带来无法挽回的损失。原因有如下几个方面：

①新产品开发投入资金大、失败率高；

②开发周期长，导致失去市场机会；

③竞争对手的对抗行为或反击；

④新技术开发试验失败；

⑤技术与市场的匹配预测错误。

新产品开发有两种动力模式。第一种产品开发的动力模式为技术导向型。即从最初的科学探索出发开发新产品，以供给的变化带动需求的产生和变化。这是技术实力很强大的公司所采取的研发策略，一般小公司是没有这个实力的。技术导向型的产品是以技术研发推动生产制造，进而推向市场的模式，即本公司将成为行业的技术领导者。

第二种产品开发的动力模式为市场导向型。这是以市场需求为出发点进行的新产品开发，即市场需要什么我们就设计什么，生产什么。显然这是跟潮流，不可能开发出真正具有划时代意义的新产品。但这却是许多中小企业发展过程中所应该依循的一种策略。

市场导向型产品是与技术导向型产品以相反的模式出现的，即根据市场需求，考虑生产能力和技术后，进入产品研究开发，所以成功的机会比较大。但其营利性和先进性也是无法与技术导向型产品相比的。

无论哪一种开发导向，新产品开发大体都可以分为以下几个阶段：

①构思阶段；

②理论探讨阶段；

③设计研发阶段；

④生产技术和工艺准备阶段；

⑤小批量试制阶段；

⑥生产阶段（进入市场）。

传统的研发模式是串行作业的方法，即一个阶段完成之后，下一个阶段才开始。现代管理提出采用并行工程的开发过程，即开发过程要求各有关部门在开发的整个过程中加强联系，调试协调，见缝插针，尽可能提前参与到前面各阶段的工作中去，能提前开始就尽量提前开始。

并行工程抛弃了传统的劳动分工思想，是一种全新的工作理念。但是，这种工作模式往往需要一些技术手段的支持。例如，实现信息化、网络化，通过数据共享、数据合成，实现信息的远距离传输、快速传递等，从而满足前面所说的各种要求。

最后讨论一下产品成本的问题。理论上来说，一般产品成本的70%以上是由设计阶段决定的，而这一阶段本身所占用的费用仅为产品成本的6%。大部分成本主要还是生产制造和原材料、库存等环节占用的。

5. 生产类型

所谓生产类型就是指以生产专业化程度或其他指标对各种生产型企业所进行的一种划分。例如，可以根据生产批量的大小分为大量大批生产类型、成批生产类型和单件小批生产类型；也可以划分为劳动密集型、技术密集型或资金密集型等。

划分生产类型的意义是要从品种繁多的工业企业中找出其生产组织上的共同特点。因为不同的生产类型其管理组织方式也会有很大的不同，需要分别对待，采用不同的管理方法或手段。否则，把大量大批生产类型的管理方法用到单件小批生产的企业一定会出问题的。

但是，之所以把某个工厂称为大量大批生产类型或单件小批生产类型，往往是因为这种生产类型在这个工厂中占很大的比重，而绝不是唯一的生产形式。例如，在单件小批生产的工厂中，也可能有成批生产类型为其生产某种配件或外协件等。

特别说明的是，本模拟系统所采用的模型是小批量生产类型。

【课外作业】请自行查阅并归纳对比三种不同生产类型的生产管理特点。

6. 生产类型和生产组织的关系

不同生产过程的组织方法是依据该企业的生产类型来确定的，只要生产的类型相同，就基本可采用相同的生产组织方式。

在大量大批生产条件下，可以广泛地采用高效率的自动化和半自动化设备、专用设备和专用工艺装备；可以大量地采用流水线和自动线；也可以制作大量的专用工装，从而大大地缩短生产流程和生产周期。这种生产组织方式可以最大限度地提高生产效率，并降低产品的成本。但它的问题是产品必须相对稳定、单一，不能经常改变产品结构和工艺设计，否则生产线也将进行较大的调整。显然，这不适应市场需求不断变化的情况。

在成批生产条件下，产品品种尚少，生产相对稳定，只能部分采用自动化设备或专用设备，一般不组织大规模生产线，而是考虑组织成批轮番生产，这就产生了调整准备时间，这个时间是不能进行正常生产的。因此这种生产方式的效率不及大量生产，经济效益也不是很高。但它的好处是可以相对较好地适应市场需求的变化，通过成批轮番地变换产品品种，生产出各种不同类型的产品，从而较好地满足市场需求。

在单件小批生产条件下，传统来说只能采用通用设备和标准工艺设备；生产的机械化、自动化水平低，效率低下；设备按工艺专业化排列，无专门的生产线。因此生产流程迂回较长；产品的品种多、批量小，调换品种频繁，调整准备时间和中断时间较多，生产效率低，但并不意味着经济效益一定很差。

随着技术水平的不断提高，传统意义上的单件小批生产模式已经有了较大的改观。最典型的就是柔性生产系统的引入，它会极大地改变传统意义上生产类型的不同所带来的生产组织管理上的问题。原来不可调和的问题在柔性系统这里将不再是问题，这是新技术革命带来的巨大变化。

本训练中就可以采用柔性生产线进行生产。同学们可以亲身体会到不同品种的产品在生产过程中实现自动变换、生产过程不间断的快乐。

7. 工作设计与工作研究

泰罗首先倡导对工作流程进行系统的分析，这种思想成为工业工程的主要思想。之后，泰罗及其追随者创立了一些提高效率的方法，如时间动作研究等，并在后来的广泛应用中得到了不断的发展和完善。

工业工程的主要内容是以生产现场合理化为对象的工作研究（也叫作业研究），包括方法研究、动作研究、时间研究和工作测定等。长期实践证明，这些方法对提高生产效率是非常有效的。

工作设计是为一个组织结构设计岗位、配备人员的一种管理技术。它的任务是说明每个岗位和职务的工作内容，以及与完成这些工作内容相适应的组织形式等。

工作设计的主要内容有工作专业化、社会技术理论和有关的行为理论等。

工作设计主要与工作划分的专业化程度有关。过细的分工会给工人带来严重的不良影响。工作设计中要考虑到员工的心理因素。目前比较常用的方法有三个：一是工作内容丰富化，二是工作小组化，三是工作轮换。

工作设计中另一个要考虑的是员工的生理因素，就是要根据工人体力消耗的程度，为不同体力消耗的作业制定工作期间的标准休息时间。

工作研究主要包括方法研究和时间研究。它的基本目标是提高效率,避免资源浪费。具体包括以下几个方面。

①减少不必要的作业时间。

②减少物料的消耗量。

③降低劳动的疲劳强度。

④通过改善工作环境和条件提高效率。

4.3.2 总经理应该掌握的技能

1.SWOT 分析法

SWOT 分析法也叫态势分析法,常常被用于制定企业发展战略和分析竞争对手情况,是战略分析中最常用的方法之一。SWOT 分析就是将与研究对象密切相关的各种主要内部优势、劣势和外部的机会和威胁等，经过调查之后列举出来，并依照二维坐标排列，然后把各种因素相互匹配，并加以分析，从中得出一系列相应的结论，对管理决策往往可以起到重要的辅助作用。通过对研究对象所处的情景进行全面、系统、准确的研究，可以制定出相应的发展战略、计划以及对策等。

SWOT 是英文缩略词。其中，S 是优势（strengths），W 是劣势（weaknesses），O 是机会（opportunities），T 是威胁（threats）。按照企业竞争战略的理论，战略是一个企业"能够做的"（指组织的强项和弱项）和"可能做的"（指环境的机会和威胁）之间的有机组合。因此,就出现了不同的组合分析方法,如机会与威胁分析（opportunities and threats）、优势与劣势分析（strengths and weaknesses）。

随着世界经济全球化、一体化进程的加快，企业所处的环境更为开放且不稳定，这种变化几乎对所有企业都产生着巨大的影响。因此，环境分析成为一种日益重要的企业职能。

对环境的分析还有其他一些常用的方法，如 PEST 分析、波特的五力分析等。

而企业的优势与劣势，则不是那么容易分析。所谓知人者智，自知者明，要做一个真正明白的企业管理者可不是那么容易的。需要深入细致且系统地了解企业的方方面面，从人员、设备、技术到组织文化都要有深入的了解，而且要定期检查。只有在这个基础上才有可能分析总结出本企业的优势和劣势。随便请个专家来看看，说几句是不行的，这是自身因素的检查，是企业竞争优势的基础。但应该注意，这里谈的竞争优势只站在企业自身的角度来讲还远远不够，企业必须站在市场潜在用户的立场说话。也就是说，自身的优势要真正体现发挥出来，为市场所接受，才是这里所谈的竞争优势。

如果两个企业处在同一市场，其中一个企业有更高的盈利率或盈利能力，可以说这个企业比另外一个企业更具有竞争优势。当然增加市场份额、更多的社会责任，员工的福利和奖励等因素也是竞争优势的表现方式。广义地说，竞争优势可以指消费者眼中一个企业的产品优于其竞争对手的任何方面，如产品线的宽度、产品的大小、质量、可靠性、适用性、制造工艺水平，以及销售水平、成本控制水平，甚至服务的水平、态度等。可见，竞争优势的表现方式十分丰富，只有明确本企业究竟在哪些方面具有真正的优势，才可以扬长避短，有的放矢，着力培养和发展这种优势。

SWOT 分析的具体步骤：首先确认当前的战略是什么，这是对目前状况的了解。其次调查企业外部环境的变化。再次是对企业拥有的资源和主要能力方面进行分析调查。最后通过前述四个要素的识别判断，分出不同的组合。采用矩阵图的形式把对比分析结果展示出来。如图 4-19 所示。

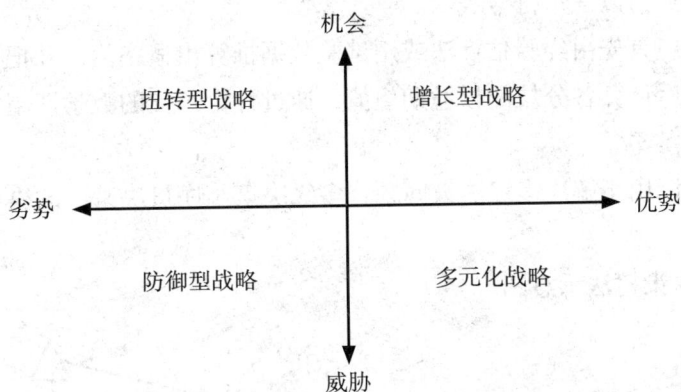

图 4-19　SWOT 分析图

然后，将结果在 SWOT 分析图上定位。或者将刚才的优势和劣势按照机会和威胁分别填入 SWOT 分析表，可做出相应的对策，见表 4-7。

表 4-7　SWOT 分析表

	优势	劣势
机会	利用	改进
威胁	监视	消除

2. 哥顿法

哥顿法是美国麻省理工大学教授威廉·哥顿在 20 世纪 60 年代所提出的一种会议式方法。但它不是一般的会议形式，它是先由会议主持人把所研究的问题向与会成员进行一个大概的介绍，即把所要讨论的问题进行适当抽象概括以后再描述出来，这样有利于专家开拓思想，尽量少受具体问题的局限，从而提出较多的富有成效创意的方案。当会议进行到适当时机，才将决策具体问题展示给大家，展开进一步讨论，从而提出更完善的解决方案。

3. 决策树法

决策树法是解决风险型决策问题时常用的一种方法，又称为判定树。所谓风险型决策是指实施方案在未来可能会遇到好几种不同的情况（自然状态），但人们可以判断出各种自然状态出现的概率。决策树法是运用一种树形结构来表示决策的各个相关因素，并且在树形结构上展开计算，分别计算每一分支所对应方案的概率和损益值情况。从而可以根据最终结果做出科学的判断。

决策树法的操作步骤如下。

第一，根据具体决策问题画出决策树。画决策树的过程也就是分析每一种方案在未来可能发生的可能性及损益的过程，把这些情况用树状图表示出来。具体来说，应先画决策点，一般以方框表示；再画出方案分支和方案点，一般用圆圈表示；最后画出概率分支及自然状态点，以三角符号表示。

第二，计算。首先由经验估计法或用试验数据推算出概率值，并把概率写在概率分支的位置上。然后计算各分枝的损益期望值，通过计算每支的数学期望值，就可以得到最优的决策方案。

决策树法可以用于解决多级决策问题，多级决策（序贯决策）的决策树至少有两个或以上决策点。

图 4-20 为决策树法示意图。

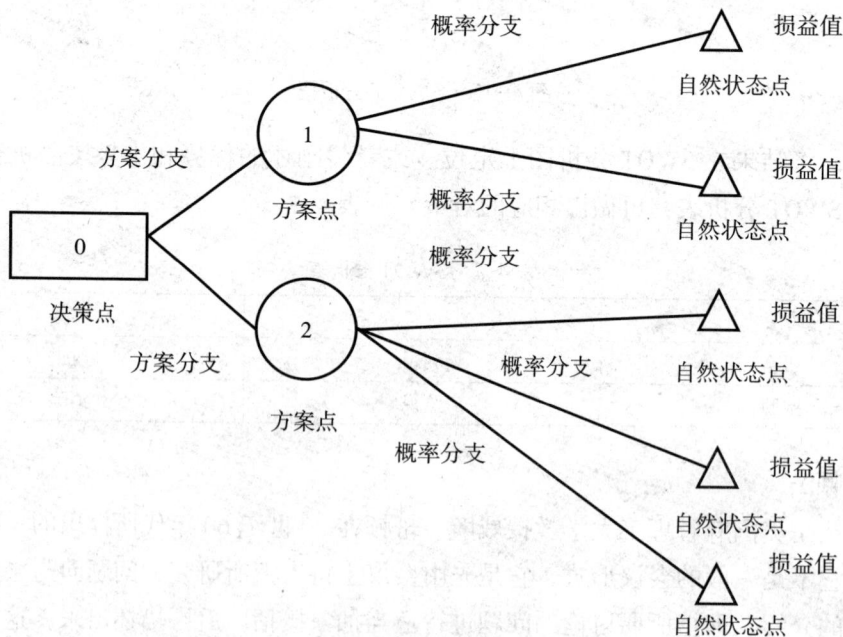

图 4-20　决策树法示意图

4. 头脑风暴法

头脑风暴法是由美国人奥斯本提出的一种会议式的决策方法。该方法设法让小组人员在会议中以非常融洽和没有任何限制的状态进行讨论和座谈，想说什么说什么，想到哪里说到哪里，随心所欲，畅所欲言，打破常规，参与者可以就主题充分地发表观点。

一般而言，重大的决策往往会聘请一些专家或某方面的权威人士参加，也会有一些领导参加。但由于从众心理和屈从于权威的心理，常常在会议中会形成所谓的"群体思维"效应，就极大地削弱了群体的正常判断和创造力，影响决策的效果。

头脑风暴法就是针对这种现象而提出来的。参与者有了新想法时，可以大声地说出来，然后别人可以在他提出的观点之上进一步提出新观点。所有的观点都被记录下来，但不允许当场点评。只有结束的时候，才可以进行点评。

要成功地组织头脑风暴法会议需要注意以下几方面。

第一，确定议题。要对所要解决的问题进行非常准确简要的阐述。这个阐述要使与会者明确需要解决什么问题，同时要注意这个阐述不要限制可能的解决方案的范围。所以，有经验的阐述者不会采用过于具体的议题阐述，而是尽可能采用比较抽象概括的描述，从而为后面参与者提出具有创造性的观点提供条件。

第二，必要的准备工作。如分发一些参考资料、背景信息等，尽可能为与会者提供方便。

第三，会场也要注意布置方式，一般将座位排成圆环形等开放的格局，尽量避免报告厅、教室式的布置方式，这样可以给参与者以平等的感觉。

第四，确定适当的参与人员。人数一般以 8 ~ 12 人为宜，也可略有增减（5 ~ 15 人）。与会者人数太少或太多效果都不会太好。只有在特殊情况下，如网络会议形式等，与会者的人数可不受上述限制。人选上也应该多多用心，要多让懂行的人参加，尽量少让无关人员参加。

第五，确定一名主持人，一名记录员。宣布规则（自由畅谈，避免私下交谈，延迟评判，禁止批评，多多益善等），规定纪律，还要注意掌握时间和进度。

5. 商业情报的搜集

商业情报的来源主要有社交场所、现场（实物）、文献资料、专家和行业组织、展览会、网络渠道等。

商业信息的获取首先是有明确的目的。不是所有的信息都是情报，只有满足需要的信息才是所要的情报。其次是要分析信息来源是否可靠，并进行初步的取舍。因为有些信息可能是企业外围人员获取的，消息不一定可靠。然而更多可能的情况不是得不到信息，而是面临的信息量太多，无法取舍，分析不出真正有价值的资料，结果也等于无。然后对得到的信息做出评价，是否有利用价值，可以提供给什么层次的决策者参考。规模大一些的企业应该有专门的商业技术情报部门和专职人员，实时地与市场营销人员和技术相关人员、决策人员沟通交流信息，互通有无，及时提醒。最后综合各方面情况为决策者提供有价值的战略情报。显然，这个工作对于提高企业竞争力是非常重要的。商

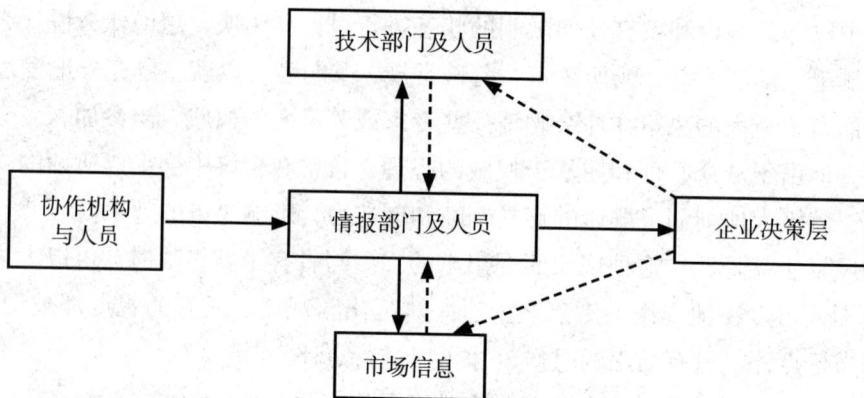

图 4-21　商业情报搜集示意图

业情报搜集示意图如图 4-21 所示。

图 4-21 中，实线表示信息资料传递过程，虚线则是信息的反馈指导等交流过程。

企业经营者要特别注意针对竞争对手的情报搜集。此外，消费者、供应商的情报也很重要，还要关注投资者、政府等的情报搜集。

竞争对手是企业生存和发展非常重要的伙伴，无论你喜欢还是不喜欢，他们都如影随形，就如同下棋的对手一样，成也靠它，败也因它。因此，企业必须做到知己知彼，甚至要特别下一些功夫去研究主要竞争对手，关上门做自己的产品是绝对不可能成功的。

此外，还要特别注意供应商的情况，尤其是行业的变化趋势。整个供应链上发生的重大事件、国家政策的影响、企业间有哪些联合与合作联盟成立等，这些都会对企业产生重大影响。

4.4　总经理职责任务点评

总经理是一个企业的灵魂。他的工作目标是将整个企业所有员工的积极性都发挥出来，并全力投入工作，各部门都协调配合好，这一点是作为一个管理类学生应该明确的。不要误以为总经理只要完成上面所描述的那些具体工作就可以了，那些甚至可以由总经理的助手帮助完成，而决策、协调和激励员工及主管人员积极性才是更重要的职责。

第 5 章
销售经理规则与知识技能

销售经理的职责很重要。在以销定产模式下，销售环节成为整个系统的动力源头，一切从销售环节开始拉动。具体来说，市场需求的预测、订单的准确获取（目标市场的选择、定位）、供应商订单管理（库存）、市场开发策略（渠道）等都是销售经理需要处理好的工作。在本模拟实训中则主要体现为：参加年初订货会、市场开发与营销、自由交易（现货交易市场中的零售和拍卖交易）、代工厂相关操作、仓库订单管理与跟进等。此外，还包括对竞争对手的情况获取与跟进，并制定相应的营销方案，做出应对等。

下面以"约创"云平台为主对销售经理的职责与操作展开介绍。

销售部办公室的界面主要功能包括系统时间、资金情况和一些其他功能按钮等。这些按钮对应销售经理的主要职能和工作内容，如年初订货、自由交易、代工厂、仓库订单等，如图 5-1 所示。

图 5-1　销售办公室界面

5.1 销售经理任务及操作要领

5.1.1 销售经理任务清单

销售经理在本模拟经营中的主要职责见表 5-1。

表 5-1 销售经理操作任务列表

序号	运行期	任务
1	年初	参加订货会，获取订单
2	年中	预算经费申请
3	年中	原料市场预定原料
4	年中	原料仓库收货和付款
5	年中	产品交货
6	年中	现货交易市场出售原料和产品
7	年中	现货交易市场购买原料和产品
8	年中	临时交易市场获取订单
9	年初、年末	填制库存和销售统计表

5.1.2 代工厂（外协生产）

代工厂（外协生产）指的是外协代理加工的情况。主要是当自己的生产能力不足或有其他原因不能满足订单加工需要时使用。有些竞赛模式下不开启此功能。

注意：

（1）外协生产不需要本公司配备原料、资质和工人等，只要在收货时交付代工费即可。

（2）外协生产数量为当前市场所有组可用数量。

（3）外协生产数量每个季度第 1 天会自动刷新，即 1 月 1 日、4 月 1 日、7 月 1 日、10 月 1 日。

（4）代加工订单查看流程："生产车间—厂房—代加工订单"。

（5）收货扣款从生产经理账户支付。

代加界面如图 5-2 所示，可以在此界面下填写代加工单。

5.1.3 仓库订单

销售经理需要时时了解库存和订单的情况。如图 5-3 所示，可以从仓库订单界面查看有关原材料库存和详细订单，并进行交货的操作。

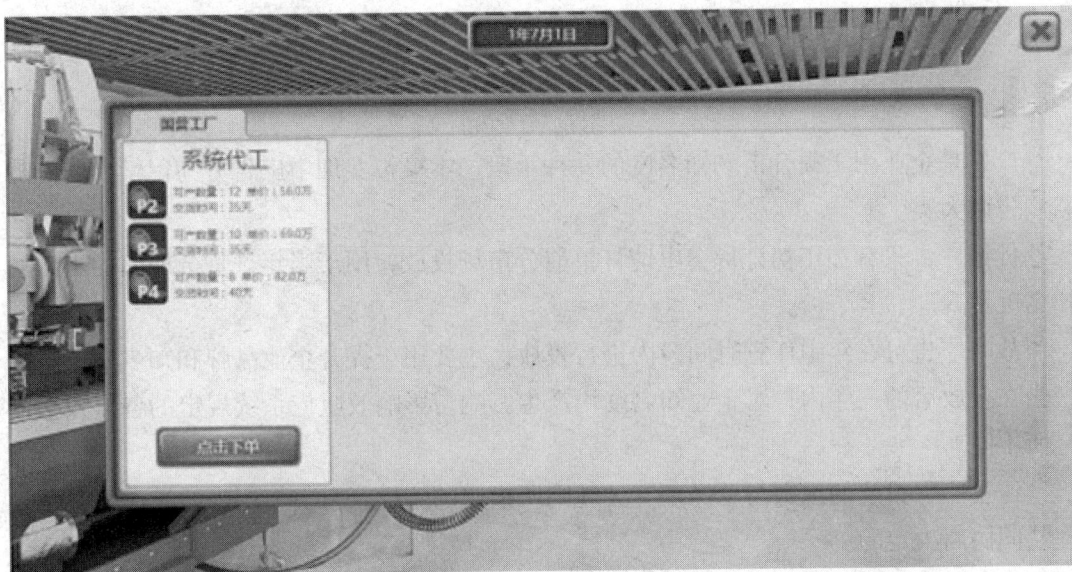

图 5-2 代加工界面

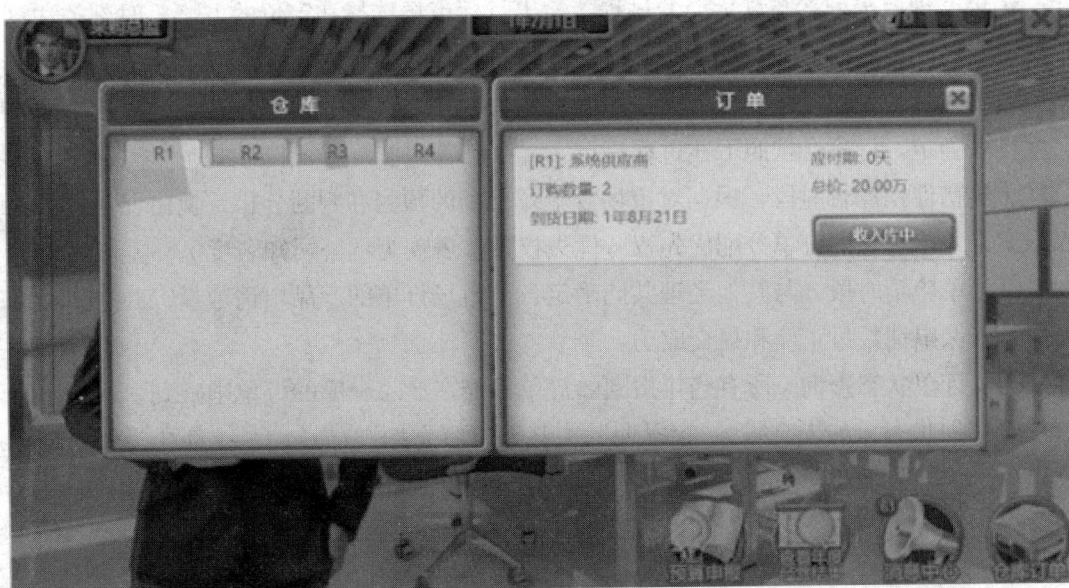

图 5-3 仓库订单界面

注意：

（1）订单交货分为五种情况（或状态）："待交""完成""违约未完成""违约已交""违约取消"。

（2）原料进货是货到付款的，这点要特别提醒财务经理注意。

（3）如有库存可先交付订单，此时生成应收账款，在财务部门的往来账中体现。

5.2 销售经理有关规则

5.2.1 广告规则

广告是企业用于提升市场知名度的一种手段，本模拟实训中广告分为促销广告和战略广告两大类。

促销广告只有在年初订货会申请订单前分市场投放，用于当年订货会期间的本市场知名度提升。

战略广告可在年中任意时间段内进行投放，主要用于提升企业品牌和知名度。战略广告在投放后的三年内，对企业知名度均产生影响，影响效应依系统规定的各年权重而有所不同。

这里广告投放的规则与总经理有关规则所描述的一样，事实上广告的投放是几位经理共同协商决定的。

5.2.2 订单相关规则

销售经理要全程参与订货会的过程，给出目标市场选择和定位的方略，时刻关注订单的进展情况，及时通知有关部门和人员。订单的获取过程需要注意以下几个方面。

（1）订货会是每年年初各公司按照分市场集中获取订单的过程，选单顺序依企业知名度排名确定。订货会按照下述过程进行。

①年初促销广告时段，根据对市场订单及市场的预测和判断分析，提出促销广告投入方案，争取理想的订单分配优先权（优先权具体表现为本公司知名度）。

②订单申请时段，与其他经理共同确定各个市场订单的产品申请数量，并在申请结束前，确保申请数量正确和提交成功。

（2）订单状态查询。所有当年得到的订单都能在产品仓库的订单中查到。不论该订单处于何种状态，如未交货、"容忍期"中甚至"容忍期"已过，系统都会为每张订单公布一个状态印章及下一步应该进行的操作提示，见表5-2。

表5-2　销售订单状态说明表

状态	状态印章	状态说明	下一步操作
订单未交货	未完成	正常未交货订单	交货
订单正常交货	完成	正常交货	收应收账款
"容忍期"内未交货的订单	违约未完成	可以交货（计算违约金）	交货
"容忍期"内交货	违约完成	在"容忍期"内完成交货	收应收账款（扣除违约金）
"容忍期"后未交货	取消	取消订单并强扣违约金	强扣违约金

（3）订单的"交货"与"取消"。有关订单的"交货"与"取消"，本系统依据实际情况制定出了一些相关的规则。这些是仿照现实市场的运行规律而设计的。具体规则见表5-3。

表5-3 交货规则表

序号	市场	订单违约金比例	违约容忍期限 / 天	CSD减数1	CSD减数2	临时延期交货时间 / 天	临时单价放大倍数
1	本地	0.2	30	0.3	0.1	90	1.2
2	区域	0.2	30	0.3	0.1	90	1.2
3	国内	0.2	30	0.3	0.1	90	1.2
4	亚洲	0.2	30	0.3	0.1	90	1.2
5	国际	0.2	30	0.3	0.1	90	1.2
6	原料零售	0.25	30	0.3	0.1	0	0
7	产品零售	0.25	30	0.3	0.1	0	0

注：1. 所有订单必须在订单规定的交货日期（包括当日）前，按照订单规定的数量交货；
　　2. 一个订单不能拆分交货；
　　3. 交货完成的日期是应收账期的起点日期；
　　4. 交货日期后的第一天依然未完成交货的订单会被标注"违约未完成"状态，此时记为"容忍期"开始；
　　5. 在"容忍期"到期前（包括"容忍期"结束日当天），仍然可以进行交货操作，但系统会扣罚"违约金"，并扣减诚信度CSD1。如果完成交货，违约金被直接从应收款中扣除；
　　6. "容忍期"结束日之后的第一天，仍未执行交货的订单将被返回到"临时交易"市场，原订单将被标注为"取消"状态，不能再继续执行交货操作，同时强制扣除违约金和诚信度CSD2；
　　7. "容忍期"截止日期跨年的订单，可以保留到下年，下年完成交货后，计入下年的销售收入，下年不能完成的违约订单，将被直接取消，扣减CSD2，但不进入下年的"临时交易"市场，扣除的违约金计入下年的报表。

可见，系统的有关规则制定得很细致。经理人员除了应尽力保证不发生违约甚至超过"容忍期"的情况之外，对于意外已经发生的情况，也要了解该规则，以尽量减少损失。

5.2.3 临时交易有关规则

临时交易市场的开放时间是在年中12个月。临时交易市场的订单来源就是前面所讲的被取消（过了交货容忍期仍未交货）的年初订货订单。

（1）被取消的年初订单按照原来所属的各分市场进入临时交易市场，即本地市场的订单仍进入本地的临时交易市场。

（2）临时交易的订单交货期从原订单取消之日开始，按照系统设置的天数推迟，即交货期后延。

（3）临时交易市场订单的产品单价将根据系统设定比例有一定程度的上浮，即订单的单价与原单价不同。

（4）临时交易的订单到交货期之日仍未有公司签约时，订单将在交货日期之后的第一天撤出临时交易市场，并且不再进入该市场。

（5）对于交货期跨年的未被分配的订单，本年结束时，会自动撤出临时交易市场。

（6）临时交易市场将在某公司的年初订货会订单超过交货期（即容忍期）后，向各公司的有关经理推送临时交易市场的订单预报，预报内容为："×× 月 ×× 日 ×× 市场将有 ×× 个 ×× 产品的订单发布，请关注！"，其中的发布日期即违约订单的容忍截止日期，但能否真实进入临时市场，取决于违约公司是否能在容忍期内完成该订单。

（7）如果订单"容忍期"的截止日跨年，系统不再发布临时交易市场预报的消息，即跨年违约的订单不进入下年的临时交易市场。

（8）从临时交易市场中获取的订单再次违约被取消时，不再进入临时交易市场。

（9）如果公司已获得的临时交易市场订单的交货日期超过本年最后一天，允许跨年执行，即可以在本年执行"交货"操作，也可跨年再交货。

1. 进入临时交易市场进行有关交易的公司需要具备以下资格

（1）该公司具有该市场的市场资质。

（2）此前本公司本年度内在该市场没有交货违约（包括违约但后来完成的状况）。

（3）如果临时市场的订单有 ISO 9000 或 ISO 14000 资质要求，没有资质的公司不能获取该订单。

2. 临时交易市场订单的申请和分配规定

（1）以申请提交的系统时间为准，按照先到先得原则分配订单。

（2）某公司可以申请一张订单中产品任意数量。

（3）单击"申请"按钮时，由于可能有多个公司同时提交了"申请"，系统会根据各公司单击"申请"按钮的先后顺序进行产品数量分配，具体要领如下：

①如果分配时订单产品剩余数量大于等于"申请"数量时，全数分配；

②如果分配时订单产品剩余数量小于"申请"数量时，按剩余数量分配，即有多少给多少；

③当订单产品剩余数量为 0 时，停止分配。

（4）如果同一个公司在同一张订单有两次以上的"申请"操作且都获得分配时：

①没有执行交货的订单将被合并成一张订单（产品数量相加）；

②已经有一张订单交货，则新取得的同号订单为同号新订单。

3. 有关临时交易市场订单交货的说明

（1）交货规则与年初订单的交货规则一致。

（2）如果已分配的临时交易订单的交货期跨年，可以保留到跨年交货，销售收入计入下年。

（3）上年的临时交易订单违约或"取消"，不算本年的违约。

5.2.4　现货交易规则

现货交易规则中的数据会根据采用规则模板不同而有所不同的，但数据变化不会很大。举例说明见表5-4。

表5-4　现货市场订单实例表

序号	产品	当前可售数量	市场出售单价/万元	市场收购单价/万元	出售保质期/天	交货期/天	年份
1	P1	10	50	20	0	0	1
2	P2	10	70	30	0	0	1
3	P3	10	90	40	0	0	1
4	P4	10	100	50	0	0	1
5	R1	10	30	5	50	0	1
6	R2	10	30	5	50	0	1
7	R3	10	30	5	50	0	1
8	R4	10	30	5	50	0	1

注：1. 现货市场的订单各年均为表5-4所列出的数量；
2. 现货市场的交易都是现金现货交易，买卖成交后，先从运营岗现金账户中划转资金，再从市场中转移产品或原料；如果账户资金不足，则终止交易，交易失败；
3. 现货市场采购产品和原材料的价格是表5-4中的"市场出售单价"，而公司出售产品或原料的单价，按照表5-4中的"市场收购价"计算（本年如有被"取消"的原料订单，按原订货数量当天补充返回到"现货交易市场"，且市场出售单价统一改为订货价格的2倍，该数量本年年末清除）；
4. 公司出售给现货市场的产品和原材料成交后，增加当期的现货市场原料或产品的库存量；
5. 公司出售给现货市场的原料，必须是保质期到期前的20天以上，即出售日距"原料失效日"必须大于20天，系统自动按照先进先出的原则和保质期大于30天的原则，提取公司原料库存，如果原料库存不足，交易失败，同时记录错误操作一次。

5.2.5　销售经理报表

销售经理需要做好产品统计，可参照表5-5。

表5-5　产品统计表

项目	数量	订单收入	违约罚款	销售成本	产品库存数	库存价值
P1						
P2					当前的产品库存数量	当前库存产品的价值
P3						
P4						
P5						

注：1. 表中的（"订单收入"—"违约罚款"）按产品并入"销售统计表"的产品"收入"项；
2. 表中的"销售成本"按产品并入"销售统计表"的产品成本项。

表 5-5 中的各项填写规则如下。

（1）"数量"：填写当年已交货的订单，可以从当年的产品库存的单据中查询，包括年初订货会订单交货出库；现货市场销售出库；临时交易市场已交货订单。

（2）"订单收入"：按照表 5-6 所示的算法进行销售收入的计算汇总。

表 5-6 销售收入计算规则

销售操作	销售总额 （数量 × 单价）	违约金 （销售总额 × 违约比例）	销售收入计算
订单按期交货	订单总额	0	订单总额 — 0
订单违约交货	订单总额	订单总额 × 违约比例	订单总额 ×（1 — 违约比例）
订单违约取消	0	订单总额 × 违约比例	0 — 违约金
现货零售	产品出售总价	0	产品出售总价 — 0

注：1. "订单总额"通过查询当年已完成的订单直接获取；
2. "违约金"通过查询当年已处理（包括完成和取消）订单的"罚金"项直接获取；
3. "现货零售"：需要在现货市场卖出产品时，自行记录或从消息中获得；
4. "销售成本"：查询当年已处理的订单中的"转出成本"项直接获取；
5. "库存数量"：直接从库存状态中获取；
6. "库存价值"：直接从库存状态中获取。

5.3 销售经理应掌握的知识和技能

5.3.1 销售经理应掌握的知识

1. 市场营销观念

在现实生活中，很多人错误地将推销与营销混为一谈，把营销误解为推销产品。

所谓市场营销观念，是企业在开展市场营销管理的过程中，在处理企业、顾客和社会三者利益方面所持的态度、思想和观念。市场营销观念的演进一般可归纳为以下几种：生产观念、产品观念、推销观念、市场营销观念和社会营销观念。其中，生产观念、产品观念和推销观念通常被称为传统观念，市场营销观念和社会营销观念属于现代观念。

营销观念演化对比见表 5-7。

表 5-7 营销观念演化对比

阶段	顺序	观念	重点特征	方法	目标定位
传统营销观念 （以生产者为中心）	1	生产观念	卖产品	高效多产	扩大销量，提高利润
	2	产品观念	卖产品	高品质	扩大销量，提高利润
	3	推销观念	卖产品	主动推销	扩大销量，提高利润
现代营销观念 （以消费者为中心）	4	市场营销观念	市场需求企业利益	整体营销	通过满足消费者需要获利
	5	社会营销观念	市场需求企业利益 社会利益	整体营销	通过满足消费者需要及促进社会福利获利

按照菲利普·科特勒的说法，推销不是市场营销的最重要部分，推销只是"市场营销冰山"的一角。

事实上，推销是企业营销人员的工作职能之一，但不一定是最重要的职能。管理大师彼得·德鲁克认为，"市场营销的目的在于使推销成为多余"。

营销学的基本理论框架也经历了一个有趣的演变过程，那就是营销学的"P 字游戏"。从麦卡锡的 4P 理论到 6P、7P 乃至 10P，市场营销理论框架实现了从传统企业导向到市场导向（顾客导向和竞争导向）的根本性转变。

2. 市场营销的基本观点

有的学者把市场营销的基本观点概括以下几个方面。

（1）市场观点。这种观点认为，市场比金钱更重要，有了市场才有一切；没有市场金钱只是一种购买力，只是在给别人提供市场。因此，持这种观点的人会为了培育市场不惜代价，甚至赔钱来做市场。什么是市场？有顾客就有市场，顾客就是市场。市场占有率就是人心的占有率，顾客认可你的产品，就成功了。

（2）顾客观点。我们都会说，"顾客是上帝"，"顾客至上"，但并不一定真正理解它的含义。顾客观点是把顾客作为企业经营管理的出发点和归宿点，发于斯，终于斯。也就是说一切经营活动是围绕着顾客展开的，是为了让顾客满意，而不是一句空口号。

（3）竞争观点。竞争是必然发生的，被动地接受竞争不是这里说的竞争观念，竞争观点是把竞争看作一种机遇、一种动力，主动去参与其中，如同到大海中去搏击。

（4）共盈观点。经营企业很重要的一个目标是要营利，这也是企业继续发展下去的基础。问题是怎样营利？不同的理念则有不同的结果，有的人与别人合作赚了钱，对方还感谢他，希望下次继续合作；有的人赚钱了，但是得罪了对方，下次不再合作；有的人则没赚到钱。这几种情况中，显然，值得提倡的是第一种，即共盈的模式。

3. 产品生命周期及其特点

产品也同人或其他生命体一样，具有一定的生命周期性特点。产品生命周期是指产品从研制生产成功进入市场到退出市场的全部时间。有人认为是产品被市场所淘汰的过程，其实未必一定是被市场淘汰才退出市场，事实上也存在着主动退出市场的情况。而且这里所说的生命也不是产品的使用寿命，主要是指产品的社会经济周期存在周期性，也不要理解为某一具体产品的生命周期。一个类种产品的生命周期可能永远会延续下去的，如钢材，食品等。

产品生命周期一般可分为四个阶段，即导入期、成长期、成熟期和衰退期。典型的产品生命周期如图 5-4 所示。

（1）导入期（介绍期）的特点。这一阶段的消费者还不了解产品，而产品的性能和生产工艺也还不稳定；销售量很小，在盈亏平衡点之下，销售增长率小于 10%；销售价格低，产品成本高，是赔本赚吆喝的阶段；市场竞争尚未展开。企业应该加强广告宣传

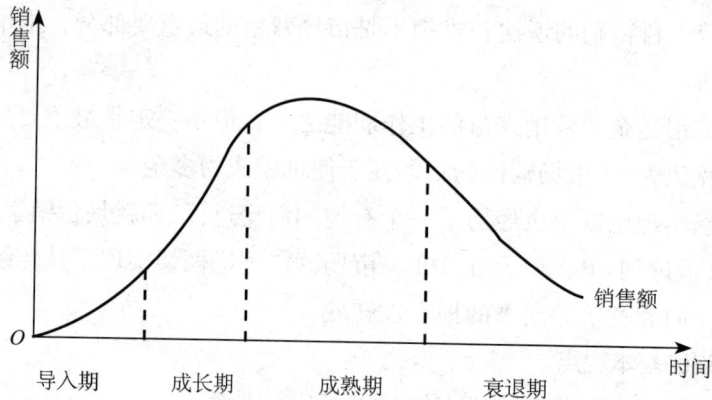

图 5-4 产品生命周期图

力度，把产品产量控制好，及时调整生产线。

（2）成长期的特点。产品逐渐为用户所熟悉，产品性能和生产工艺比较稳定；销售量迅速增大，销售增长率大于 10%；销售价格开始上升，随着产品增加，生产成本开始下降；市场出现潜在竞争。企业应该保持并稳定住市场，努力打造产品的品牌。

（3）成熟期的特点。生产量和销售量都已经很大；价格上升到最高点，成本下降到最低点；竞争者已经非常多，市场竞争非常激烈，市场需求趋于饱和；迫使一些厂家不得不在附加功能上做文章。此时要特别注意资金的回收，不能产生大量的库存和产品积压；积极开发新产品，加强售后服务。

（4）衰退期的特点。产品严重老化，没有了生命力，这不一定是因为产品本身物质上的特性不再优秀，市场上出现更好、更新的替代品也可能是原因之一；销量迅速下降，无利可图，竞争者纷纷退出市场。企业应该早期就做好市场预测工作，不能等到衰退期来临还是束手无策，而应要提前采取措施。

4. 波士顿矩阵法

PPM 法（product portfolio management）是市场组合结构合理性分析评价的方法。PPM 法中最著名的矩阵图就是波士顿矩阵，是市场营销学中很常用的一种方法。

波士顿矩阵法认为决定产品组合的基本因素有两个：市场引力与企业实力。

市场引力包括销售（额）增长率、目标市场容量、竞争对手强弱及利润大小等，其中最主要的是反映市场引力的综合指标——销售增长率，这是决定企业产品结构是否合理的外在因素。

企业实力包括市场占有率，以及技术、设备、资金利用能力等，其中市场占有率是决定企业产品结构的内在要素，它直接显示出企业的竞争实力。

以上两个因素相互作用，会出现四种不同性质的产品类型，形成不同的产品发展前景，如图 5-5 所示。

（1）明星类产品。明星类产品是指销售增长率和市场占有率都较高的产品组；这类产

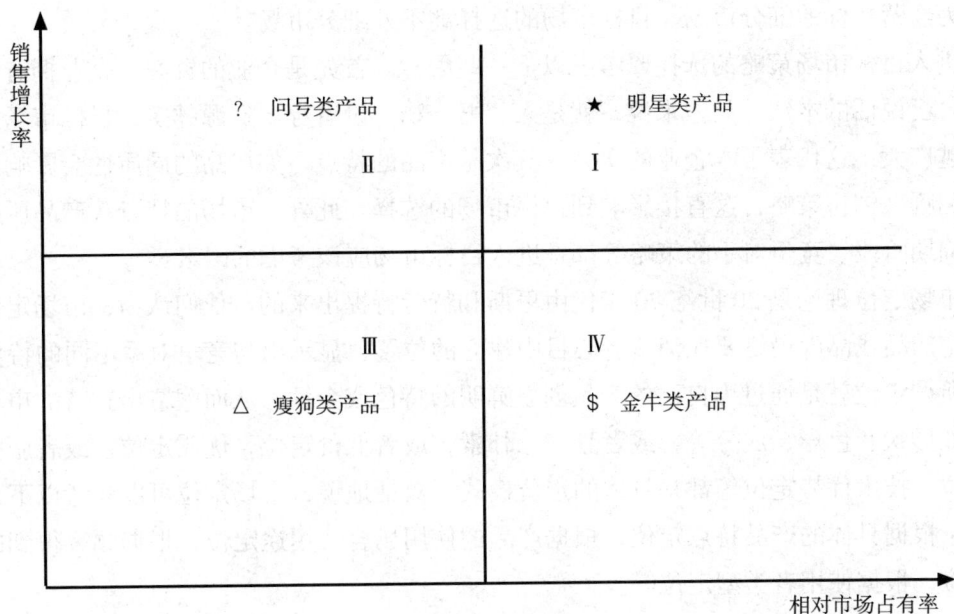

图 5-5　波士顿矩阵图

品可能进一步发展成为企业的现金牛产品，需要加大投资以支持其迅速发展。采用的发展战略为积极扩大经济规模和市场机会，以长远利益为目标，提高市场占有率，加强竞争地位。

（2）问号类产品。问号类产品是指销售增长率高、市场占有率低的产品组；高增长率说明市场机会大、前景好，而占有率低则说明在市场营销上存在问题。其财务特点是利润率较低，所需资金不足，负债比高。对问题产品应采取选择性投资战略，即首先对该象限中那些经过改进可能会成为明星的产品进行重点投资，提高市场占有率，使之转变成"明星产品"。

（3）瘦狗类产品。瘦狗类产品是指销售增长率和市场占有率都低的产品组；其财务特点是利润率低、处于保本或亏损状态，负债比率高，无法为企业带来收益。这类产品应采用撤退战略，首先减少批量，逐渐撤退，那些销售增长率和市场占有率均极低的产品应立即淘汰。

（4）金牛类产品。金牛类产品是指销售增长率低、市场占有率高的产品组。其财务特点是销售量大，产品利润率高、负债比率低，可以为企业提供资金，而且由于增长率低，也无须加大投资，因而成为企业回收资金、支持其他产品投资的坚强后盾。

5.3.2　销售经理应掌握的技能

1. 目标市场选择与定位

目标市场即目标消费者群体，也就是企业产品的销售对象。细分市场与目标市场是两个不同的概念。前者是按消费需求划分不同消费者群的过程，而目标市场是指企业选择作为经营目标的细分市场。目标市场的选择离不开细分市场。

进入目标市场策略的选择要考虑以下一些因素。首先是企业的资源。企业拥有的资源是自己说话的本钱。具体来说，就是人、财、物、设备等。资源越多，目标市场可以选择越广大，这代表了本企业的实力。其次是产品的特点。如产品的同质性会影响到产品采用哪种销售策略，这直接影响到目标市场的选择。此外，市场的特点、产品所处的生命周期阶段、竞争对手的策略等都是进入目标市场应该考虑的因素。

市场定位理论是 20 世纪 70 年代由里斯和特劳特提出来的。他们认为，市场定位就是确定产品或品牌最终要在消费者心目中建立的位置，显示出与竞争对手不同的特性。

所谓定位就是通过为自己的产品创立鲜明的特色或个性，从而塑造出独特的市场形象，如形状、色彩、成分等，或者豪华，朴素，或者低价定位，优质定位，或者服务优势定位、技术优势定位等都是具体的定位模式。概括地说，市场定位可以参考以下几个方面：根据具体的产品特点定位，根据产品的使用场合及用途定位，根据顾客得到的利益定位，根据使用者类型定位等。

市场定位常用的策略有很多，如创造"老大"的定位；"第二名"定位，一般是借老大的势；避强定位；迎头定位和重新定位等。

2. 目标市场选择

企业为选定的目标市场制定营销战略时，也有三种典型的战略可以选择。三种营销战略是各自具有鲜明特点的，如图 5-6 所示。

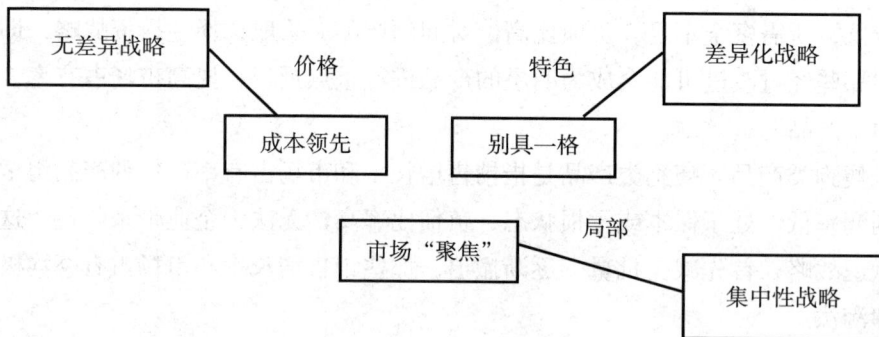

图 5-6 目标市场选择三种战略

（1）无差异战略。无差异战略是对整体市场不进行细分，用一种产品、统一的市场营销组合对待整体市场。

采用无差异战略有如下优点。

①最大优点是可能实现低成本运行，大批量的生产，能够大幅度降低单位产品成本。

②无差异的广告宣传也可以大大节约促销费用。

③相应减少了调研、产品研制与开发，以及制定多种市场营销战略、战术方案等带

来的相关成本开支。

采用无差异战略也有很大的不足：无差异战略只适合市场上少数的产品，因为消费者的需求偏好极其复杂且有差异，产品或品牌不变化还能够长期受到市场的欢迎的情况是很少的。这是它的优势本身所带来的不可避免的矛盾。

（2）差异化战略。差异化战略是把整体市场划分为若干个细分市场，然后根据企业的资源情况按实力选择部分细分市场作为目标市场，并为各目标市场制定不同的市场营销组合策略。

差异化战略的最大优点是可以有针对性地满足具有不同特色化需求的顾客群体，能够极好地提高产品的市场竞争能力和顾客的满意度。相应地，差异化战略的最大缺点是由于产品种类繁多、分销渠道及广告宣传的多样化，生产系统的运营成本和市场营销费用也会大幅度增加。

（3）集中性战略。集中性战略是指企业集中所有力量，以一个或几个特征相似的子市场作为目标市场，力图在较少的子市场上占领较大的市场份额以形成竞争优势的战略选择。显然，这种战略的优势是力量集中，在局部领域取胜，但营销范围不能有效拓展，企业规模受到制约，会失去很好的市场机会。

3. 定价的方法与价格修订策略

产品定价历来都是营销环节最重要的一项工作，是传统营销4P之一。定价策略直接关系到本企业产品的销售数量和利润收入，可以说是牵一发而动全身。正确、科学地定价是现代市场营销学中很重要的一项内容。最常见的定价方法有如下三种。

（1）成本导向定价法。成本导向定价法是指企业在确定产品价格时，将产品的总成本作为基准制定价格的定价方法。这种定价方法根据所采用的利润指标和成本项目的差别，又可以分为不同的定价方法，如成本加成法、目标贡献定价法、盈亏平衡点法等。

（2）需求导向定价法。需求导向定价法是指企业根据买方对产品价值的感受和接受程度来确定产品基本价格的定价方法。它不是卖方主观定价，不以产品成本为主要依据，也叫作市场导向定价。它包括感受价值定价法、需求差异定价法。

（3）竞争导向定价法。竞争导向定价法是主要依据竞争者的价格有针对性地进行定价。这实在是出于竞争的需要，而不得不暂时抛开成本和顾客需求感受等因素，以或略高或略低于竞争对手的价格实现最理想的销售状态。具体包括随行就市定价法、投标定价法、拍卖定价法等。

企业的产品不仅要制定一个价格，还要建立一种价格结构，以反映市场需求、成本、购买时机等因素的变化。因此，还需要及时有效地修订价格。常用的价格修订策略主要有以下几种。

①地区定价策略。地区定价策略是指企业要针对不同地区的顾客而分别进行定价，即不实行统一的价格，如离岸价格、统一交货定价、免运费定价等。

②心理定价策略。心理定价策略主要是分析并利用消费者的心理特征，对不同价格的感受而有意识地采取多种价格形式，以有利于销售，具体包括尾数定价、促销定价、参照价格、声望定价等。

③折扣定价策略。折扣定价策略是通过鼓励增加购买量、淡季购买等方式，实行折扣和让利的定价策略。如数量折扣、现金折扣、功能折扣、反季折扣等。

此外，还有新产品定价策略中常用的市场撇脂定价、渗透定价；产品组合定价中的按产品线定价、附带品定价、分部定价等。

4. 分销渠道

分销渠道也叫分销途径、分配通路等，是指商品从生产者向顾客转移时取得货物或劳务所有权或帮助转移所有权的所有企业或个人，也就是所经过的途径及相应设置的销售机构等。

分销渠道主要包括产品的销售途径及产品的运输和储存两方面。合理选择分销渠道可以简化销售过程，减少不必要的中间环节，缩短产品的运输时间，减少相关费用。

分销渠道策略是指决定销售渠道宽度的决策，即确定同一分销层次中所需要中间商的数目。

常用的分销渠道的策略主要有：①广泛分销策略，即在分销渠道的各个分销层次中，参与分销的中间商的数目不受限制。②选择分销策略，即在分销渠道的各个分销层次中，限制参与分销的中间商数目。③独家分销策略，即在一个地区市场或一个细分市场，只选择一家批发商或零售商经销其产品。这种策略明显的缺点是市场面窄，所承担的风险较大。

分销渠道模式选择时应主要考虑以下一些因素。

（1）商品的性质。例如，鲜活易腐商品，适合采用短渠道；技术性强的商品，适合采用窄渠道；体积或重量大、贵重的商品，适合采用短渠道。

（2）最终消费者。对于人数多且分布集中的商品，适合采用短渠道和窄渠道；而人数少且分布分散的商品，适合采用长渠道和宽渠道。

（3）企业特征。如企业的规模、实力和信誉等。规模大、实力强的适合采用短渠道和窄渠道；否则适合采用长渠道和宽渠道。此外，还有企业产品组合、生产和消费的集中程度等都是需要考虑的因素。

5.4 销售经理职责任务点评

销售经理在本模拟系统中的事务性工作主要是订货及订单控制和产品的及时交付。深层次的任务则是开拓市场，把握市场的动态（预测需求变化），为新产品研发提供及时的信息支持。还要特别注意与生产部门的协调合作，不能各行其是，缺乏沟通。

第6章
采购经理规则与知识技能

采购经理最主要的职责是保证本企业生产所需原材料的采购与管理。原料的采购与仓储管理涉及大量的资金占用和周转。如果管理不当，不但资金占用过多，周转不灵，还会影响企业生产的正常进行。所以，保持一个合理的库存资金周转率，充分满足生产的各种变化需求，是一件技术性非常强的工作，需要很强的理论功底和一定的技术手段辅助。

在本模拟系统中采购经理的职责主要包括采购计划的制订；与供应商建立并保持良好的关系；监督采购过程并按时收取支付货款；原材料仓库管理；进货时间及批量的准确掌控等方面。

图6-1为采购部办公室工作界面。主要内容项目为系统时间、资金情况和一些功能操作按钮。在四人模式中是没有这个职务的，其功能合并到了其他经理中。

图6-1 采购部办公室工作界面

6.1 采购经理任务及有关规则

6.1.1 采购经理任务清单

采购经理在本模拟系统经营中的主要职责见表 6-1。

表 6-1 采购经理任务列表

序号	运行期	任务
1	年初	参加订货会，获取订单
2	年中	预算经费申请
3	年中	原料市场预定原料
4	年中	原料仓库收货和付款
5	年中	产品交货
6	年中	现货交易市场出售原料和产品
7	年中	现货交易市场购买原料和产品
8	年中	临时交易市场获取订单
9	年初、末	填制库存和销售统计表

6.1.2 原料采购规则

原材料采购供货规则可参照表 6-2。但要注意其中的数据在不同的模拟规则中可能会略有不同。

6.1.3 订货会相关规则

订货会是系统设立的每年年初为各公司分市场集中获取订单的过程，这是非常重要的一个起步工作。第一步迈得好，取得了理想的订单，就为后面的工作打开了一个良好的开端。因此，如何拿到理想的订单就成为必须下功夫研究的问题。获取订单是有优先权的，而选单优先权的顺序是依本企业知名度排名确定的，这与本公司的广告投入等又紧密相关联。

订货会按照下述过程进行。

（1）企业可通过投放促销广告提升本公司的知名度。系统会随时公布的各市场企业知名度排名。

（2）当促销广告投放停止后，公司可以在各产品订单中确定所需的数量并提交。在申请期间，所有市场、所有产品可以同时申请，系统以企业最后一次申请确定的产品数量为准。

（3）系统会依据企业知名度排名依次分配各公司所需订单数量，系统仅提供两次订单分配机会。

表6-2　原材料供货规则实例

原料标识	R1	R2	R3	R4
单价	10	10	10	10
当前数量	1000	900	800	700
质保期 / 天	300	300	300	300
交货期 / 天	50	50	100	100
违约金比例	0.1	0.1	0.1	0.1
违约"容忍期" / 天	30	30	30	30
CSD1	0.1	0.1	0.1	0.1
CSD2	0.1	0.1	0.1	0.1
处理提前 / 天	50	50	100	100

注：1. 原料市场的原材料数量每年是不同的，以系统当年各季度显示的数据为准；

2. 只有系统供应商供货；

3. 原料供货是需要预订的，但预订不需要预付费用。表6-2中的"交货期"为预订到收货的时间；

4. 原料订货订单下达之日开始，根据"交货期"确定"收货日期"，只有"收货日期"当天可以进行"收货"操作；

5. 单击"收货"按钮时，先进行划转资金的操作，如果资金不足，则"收货"操作失败，同时记录操作错误；

6. 如果到货日当天没有完成"收货"操作，第2天便进入"收货"违约"容忍期"（表6-2中违约"容忍期"），此时仍然可以进行收货操作，但需要缴纳违约金，即支付货款收货之外，货款中还要加入违约金，并计违约错误一次，扣减所有市场的CSD（CSD减数1）；

7. 如果过了违约容忍期仍未完成"收货"，系统强制取消订单，同时从财务账户中强制扣除违约金，并计违约错误一次，扣减各市场的CSD（扣减减数1和减数2两项）；

8. 被"取消"的原料，当天补充返回"现货交易市场"的原料订单，且市场出售单价统一改为原价值的2倍，可继续被订货，年末清除；

9. 原材料的质保期从到货日开始计算，在库存原料中显示为"失效日期"，在失效日期（含当天）内，原料可以上线生产或有条件（据失效日20天以上）销售；

10. 原材料失效日期过后的第1天，系统强制清除失效原料（包括已经预配到生产线的原料），原料价值的损失计入营业外支出项。

（4）对于企业所获取的同类订单系统会自动进行合并。

（5）所有订单必须在订单规定的交货日期前，按照订单规定的数量交货，订单不能拆分交货。

（6）交货完成后的日期是应收账期的起点日期。

6.1.4　采购经理报表

表6-3是原料统计表，这实际上是与销售经理的工作结合在一起进行的。

表6-3　原料统计表

原料	R1	R2	R3	R4
库存原料数量 / 件数				
库存原料价值 / 万元				
零售（含拍卖）收入 / 万元				

原料	R1	R2	R3	R4
零售（含拍卖）成本 / 万元				
失效和违约价值 / 万元				

特别提示：表6-3中的所有数据均按正数填入。

注：1. 表中各原料"库存原料价值"合计后，并入"资产负债表"的"原材料"项的"期末数"；

2. 表中各原料（"零售收入"—"零售成本"）合计后，并入"利润表"的"营业外收支"项的"金额"；

3. 表中各原料"失效和违约价值"合计后，以负数并入"利润表"的"营业外收支"项的"金额"。

填报报表时的数据采自各个原料本年的以下数据：

①库存原料数量：当前的库存数量（在当前库存中查询）；

②库存原料价值：当前库存的总金额（在当前库存中查询）；

③零售（含拍卖）收入：当年在现货市场卖出原料和在拍卖市场卖出原料的总收入（需要在零售时记录）；

④零售（含拍卖）成本：当年在现货市场卖出和在拍卖市场卖出时出库的总成本（需要在零售时记录）；

⑤失效和违约价值：当年被强制清除的过期原料价值（需要查询相关消息统计），以及收货违约产生的违约金和订单取消产生的收货违约金（查询当年的采购订单获得）。

6.1.5　现货交易市场

图6-2为现货交易市场的工作界面示意。这是紧急采购原材料、出售原材料和紧急采购成品、出售成品的地方。

注意：原材料的购入和出售操作所花费资金为采购经理的资金。产品的购入和出售操作所花费资金为销售经理的资金。

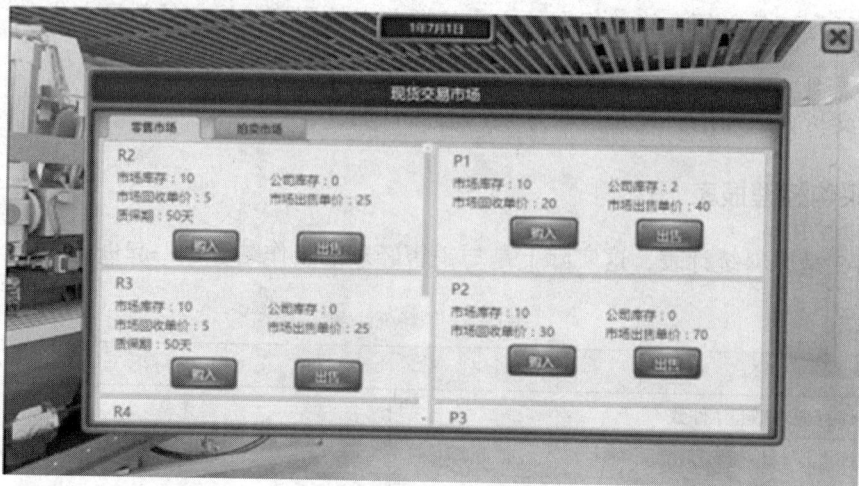

图6-2　现货交易市场界面

6.2 采购经理应掌握的知识和技能

6.2.1 采购经理应掌握的知识

1. 物料清单（BOM）

物料清单（bill of material，BOM），又称为材料表或配方料表。它是详细记录一个产品所用到的所有下一阶物料及相关属性，也就是组装构成零部件之间的从属逻辑关系、单位用量及其他属性的一个列表。企业的生产运作系统要正确地计算出物料需求数量和时间，必须有一个准确而完整的产品结构表，来反映产品与其组件的数量和从属逻辑关系。在企业生产组织过程中，所有数据中物料清单的影响面最大，也是最重要的基础性数据。它如果出现错误，将导致整个生产系统的紊乱。

物料清单上的每一种物料均有唯一的编码，即物料号。物料清单中的零件、部门的层次关系一定要反映实际的装配过程。物料清单影响的不只是物料采购部门，对计算累计提前期、编制生产和采购计划、订单、选择装配、领料等都直接产生影响，同时也涉及生产、销售、仓储、财务、开发、技术准备等许多部门。因此，BOM 不仅是一种技术文件，同时起到共享数据整合各部门管理的作用，企业各个部门都会不时用到 BOM 表。

更进一步说，BOM 是 MRPII/ERP 系统的核心基础数据。BOM 准确与否、是否及时齐套，直接影响采购、销售、生产等部门的工作。此外，BOM 的层次结构决定着企业对该产品的生产、采购、存储等物流管理的方式。

企业必须要有一套有效的机制来对 BOM 建立、更改进行维护。科学合理地更改BOM，比对 BOM 建档管理还要重要，因为这是一个动态的过程，不断有新产品新零件加入进来，怎样维持 BOM 的稳定运行和及时更新，是很不容易把握的事情。

2. 采购方式

采购是物料从供应商到企业内部物理移动的过程。换句话说，是指个人或单位在一定的条件下从供应市场获取产品或服务作为生产运营的资源的一项经营活动。

常见的采购形式分为战略采购（sourcing）、日常采购（procurement）、采购外包（purchasing out-services）三种形式。

经常采用的采购方式主要有招标采购和非招标采购。

其中，招标采购是由需方提出招标条件和合同条件，由许多供应商同时投标报价，通过招标，需方能够获得满意的物资供应。非招标采购则是指招标之外的采购方式。

3. 采购的基本流程

采购业务的基本流程如下：

第一步，由生产部门提出请购要求（请购单）；

第二步，采购部门制订采购计划；

第三步，寻找供货商（这是采购部门需要高度重视和认真对待的问题）；

第四步，询价、比价、议价；

第五步，采购洽谈（下单）以及合同的签订（确定付款条件、货运方式、售后服务）；

第六步，交货验收（仓管，要确定货物品种、数量、质量和交货期都正确无误）；

第七步，质检与入库（不合格需要补货或退货）；

第八步，财务结算。

4.订货管理的重要性

订货是每个生产企业所必须进行的一项工作。有句话叫作：经营管理的核心是产品管理，产品管理的核心是订货管理，说明了订货管理的重要性。虽然这句话讲得并不全面，但所要表达的意思是提醒人们重视订货管理的问题。为什么要重视订货管理呢？主要从以下几个方面来看。

（1）订货管理环节涉及的企业资金量很大，往往占到企业总资金量的一半甚至80%。

（2）正因为订货管理所涉的资金总量巨大，对于订货管理的技术要求也非常高，要采用先进的管理和技术手段进行订货管理，于微细处往往可以见到大效益。订货管理的成本控制幅度波动一点点，总量也是相当可观的。

（3）要做到这一点，订货管理有关人员的素质一定要很高，要具备管理学，尤其是物流和库存部分的相关知识，掌握有关的技术要领，是真正的订货管理专家。企业对此应该不遗余力地投入，必定功不唐捐。

5.订货的宽度与深度

SKU（stock keeping unit）是最小存货单位的意思，它影响着订货的宽度与深度。例如，每个不同货号对应的产品就是不同的SKU，同款不同色的产品也是不同的SKU。而所谓订货宽度就是指每次所订货的SKU数量多少。订货深度则是每个SKU的平均订购数量。显然，在订货额一定的情况下，两者成反比关系。

6.库存管理

就企业生产运营全过程来说，库存是指企业用于生产或服务所使用的，以及用于销售的储备物质。一定量的库存是合理组织生产服务过程的必要保证。任何企业都离不开库存。

库存一般可以分为以下几类。

（1）原材料，简单说就是采购来用于生产运营的物质，包括买来的半成品、辅助材料等。

（2）在制品，是指处于生产过程中尚未完成的中间产品和正处于加工状态中的产品。

（3）产成品，是指已经加工制造完成等待装运和销售的产品。

还可以按照库存的作用来分类。

（1）周转库存，是由于批量生产过程而必然产生的一种周期性备用库存。

（2）调节库存，这是为了应对生产过程中可能出现的需求或供应不均衡、速度不均衡、各阶段产出不均衡等，为了避免给生产造成较大损失而设置的一种库存。

（3）在途库存，是指处于运输状态以及处于两个工作地之间停放的库存。

（4）安全库存，很明显，这是指为了应对生产过程中突然发生的变化而设立的一种缓冲库存。这个量可大可小，与许多方面的因素有关，如服务响应的速度要求、生产状态的稳定性等。

7. 库存的利弊分析

如前所述，库存是企业正常生产经营所必需。那么是不是越多越好呢？显然不是，不但不是越多越好，反而是少些，或者说适当才好。有的企业将库存称为"万恶之源"，为什么会这样说？

库存首先具有如下不可或缺的好处。

（1）库存可以改善企业对用户的服务水平。如果库存足够多，企业就有足够的零配件可以随时提供给有关的用户，这样供需之间出现的不平衡就可以及时得的缓解，使其回归均衡。

（2）库存量大可以节省订货费用。库存量大，每一次订货数量很多时，自然可以减少订货次数，从而减少订货费用。

（3）库存量大有利于生产的均衡性，因为不会发生缺货而中断生产。

（4）库存量大还可以降低作业交换成本。生产批量大，作业交换成本相应降低。

（5）库存量大可以避免缺货造成的损失，还可以避免因价格上涨产生损失。

然而，库存的弊端也是显而易见的。

（1）首先就是占用大量资金。库存量越大，占用的资金就越大，这个总数是相当庞大的。

（2）增加了企业产品的成本和管理费用。

（3）最可怕的是它会掩盖生产经营中潜在的各种问题、隐患。例如，维修不及时、计划不当、生产均衡性不好等问题统统可以因为库存足够，没有影响生产交货，而没有人去挖掘问题的根源。问题和隐患永远存在。

因此，一些国家企业界说"库存是万恶之源"，就是这个道理。

8. 供应商选择决策

一般情况下，企业决定选择某个供应商进行合作通常需要经过充分的调查和研究。供应商本身的品位和能力当然是首先要考察的问题，即该供应商是否能够按照本企业要求的质量、数量、交付、价格等提供产品是首先必须落实的大问题。此外，供应商信誉程度、设备与技术力量、财务状况、内部管理、地理位置等也是需要考察的重要方面。

另外，本企业采购的性质与数量也会对供应商选择决策产生重大影响。量大或者量小，优质还是普通品质，不同的采购方式也影响着对上述各项因素的权重和判断。

此外，上述各项判断需要提供足够的证据来支持，不能凭主观臆断。一般而言，供应商最好是当地的，这样无论从技术保证角度，还是从经济性来看都是比较有利的，但也必须综合考虑其他方面的因素，必要时需要建立一个综合选择模型来辅助供应商的选择决策，以保证决策的科学性。

总之，供应商的选择是个必须高度重视的问题。

9. 物料需求计划（MRP）

物料需求计划（material requirements planning，MRP）提出的出发点，是解决企业生产过程中面对市场需求频繁变化而引起的库存管理陷入被动局面、原有的库存控制模型不再有效，不能够解决目前的库存管理有效性问题而提出来的，借助逐渐成熟的计算机技术来实现精确的物料计划管理的一种手段。它是以软件和计算机系统作为技术支持而实现的。

它的原理就是对计算机软件系统输入物料清单（BOM）和库存数据以及主生产计划（MPS）要求等信息资料，通过特定的模型完成计算，排出一个科学合理而又精确控制的物料计划，它是以零部件为计划单位来实现的，这在以前的计划系统中是无法实现的。

MRP 系统的运作原理示意如图 6-3 所示。

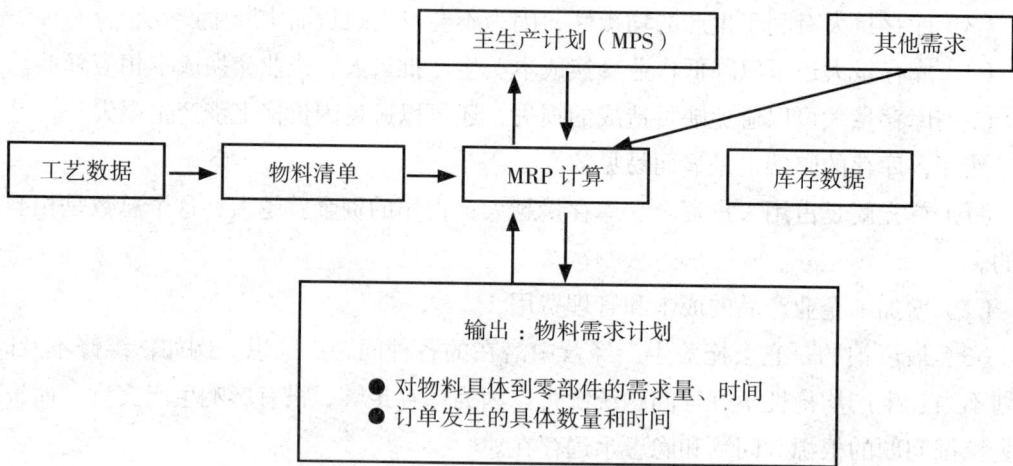

图 6-3　MRP 系统运作原理示意图

MRP 的输入主要有两个重要文件。

第一，是产品结构文件，即物料清单（BOM）反映产品的层次结构、所有物料的结构关系和数量组成。

第二，是产品库存文件，包含原材料、零部件和产成品的库存量，已订但尚未到货的量和分配但还未及提取的数量。

而主生产计划（MPS）则是 MRP 系统运行和确定具体计划的总纲。MRP 的输出则是具体到零部件这样详细层次的物料需求计划，包括自产部分和外购部分。MRP 由于各个工序所需要的物资都按精密的计划适时足量地供应，一般不会产生超量库存，从而节约库存费用。

此外，由于加强了物流管理的信息化，企业管理的综合素质得到提高，各部门可以更好地协调运作，生产和销售的配合衔接会大大改善。

10. 准时制采购

准时制源于日本企业创立的 JIT（just in time），即准时生产方式。一句话概括，就是只在需要的时候，按需要的数据，生产所需要的产品。JIT 的核心是追求一种无库存或库存量达到极小的一种生产系统目标。

准时制采购，是把 JIT 的理念推广应用到了采购环节。因此，它具有如下特点。

（1）准时制采购是一种理想化的采购方式，它的终极目标是实现原材料和外购件的库存为零、缺陷为零。

（2）企业不断地通过科学化的管理手段降低原材料和外购件的库存，从而不断地、主动地暴露出物资采购工作中潜在的各种问题，并采取措施积极地解决问题，达到进一步降低库存的目标。

11. 供应商管理库存（VMI）

供应商管理库存（vendor managed inventory，VMI），这是在供应链环境下的库存运作模式。相对于由用户发出订单进行补货的传统做法，供应商管理库存（VMI）是以实际或预测的消费需求和库存量进行库存补货的，即由销售资料得到消费需求信息来决定补货量。这样，供货商可以更有效地计划、更快速地反映市场变化和消费需求。从理论上说，它是将多级供应链问题变成了单级库存管理问题。

实施了供应商管理库存之后，销售、库存管理和供应商生产系统共同相协调来完成有关工作。即首先从买方企业得到产品的销售数据，然后与目前的库存水平相对比后将需求量及时传送给供应商，再由供应商的库存管理系统做出决策，看现有的仓储系统能否满足所需要的产品数量，或者直接及时配送给买方企业，或者通知生产系统生产出来后再配送给买方企业。

6.2.2 采购经理应掌握的技能

1. 经济订货批量法与订货点法

经济订货批量模型有明确的应用前提。它假定每次订货的订货量相同，订货提前期固定，需求率也保持不变，显然这是一个理想化的模型。在生产规模很大、生产状态稳定的情况下，这种方法还是比较适用的。它的原理是通过使库存的年总费用最小来确定相应的订货批量多少。

经济订货批量法（EOQ），是一个从订货费用和保管费用两方面来综合平衡总库存费用的方法。根据总费用最小的原理，我们可以很容易地得到经济批量的计算模型，从而计算出现有条件下的经济订货批量值。

而订货点方法的理论基础比较简单，即库存物料随着时间的推移而使用和消耗，库存数量会逐渐减少，当到达某一时刻，库存数量可供生产使用消耗的时间等于采购此种物料并到货所需要的时间（提前期）时，就及时进行订货以补充库存，如此周而复始，这个决定订货时的数量和时间就是订货点。

2. 双堆法

订货模型有定期订货法和定量订货法两大类。定量订货法是当库存下降到预定的最低库存量（订货点）时，立即按规定数量（一般以经济订货批量为标准）进行订货补充。所以这种方法必须预先计算并确定出订货点和订货量，一般适用于品种数量大、占用资金总量不大的一类货物。

双堆法亦称"双箱系统"，是用两个库位储存某一种物资的库存管理方法。其中，第一个库位储存量可根据经济订货批量决定，它的运行模式是这样的：当一个库位的货被领用完之后，由另一库位发货，同时立即发出订单补充第一个库位，由于计算原理所保证，当所订货物到达时，第二库位的货刚好用完，这时第一库位已经得到补充。如此反复进行。也有些情况下将保险储备量另作一堆，称为三堆法。无论双堆法还是三堆法，由于其无须经常地盘点和做库存记录，对于管理大量低值的物料来说，简便易行、操作方便、管理费用低。但其不足之处就是所占用的仓库面积相对会比较多。

3. ABC 分类法

ABC 分类法是库存管理中很常用的一种方法，这种方法可以大量释放被占用的库存资金，并使得库存结构趋向科学和合理。

一般来说，企业的库存物资种类很多。库存管理的工作量是很大、很繁重的。由于有的物料数量不多但价值很高，而有的物料品种很多，数量也多但价值却不高，这就要求企业应该区别对待不同的物料，将注意力集中在比较重要的库存物资上，这就是 ABC 分类管理的基本思想。

ABC 分类法的基本原理：按照物料价值的不同或重要程度的不同将其分类，最重要的、占用资金最大的叫做 A 类；次重要的、占用资金一般的叫做 B 类；不重要的、价值也很低的叫做 C 类。针对不同类型分别采取不同的管理方法。

把库存分成 ABC 三类之后，要分别采取不同的管理手段和控制方法。

A 类库存物料数量虽少但是最为重要，是需要严格管理和控制的库存。必须对这类库存定时进行盘点，详细记录其使用情况、变化情况及品质方面的信息。同时加强进货渠道乃至整条供应链的管理，尽可能降低库存量和安全库存量，加快库存周转速度。

C 类库存物资数量很大但占用资金量并不大，重要性低和可替代品易得到，因而一般采用相对简单的管理手段和控制方法。例如，相对较大量地采购和库存，采用相对简单、投入人员设备等都相对较少的管理方法，查库的时间间隔加大等，从而降低这类库存的管理成本。

B 类库存处于 A 类库存和 C 类库存之间，所以这类库存的管理控制手段也介于 A 类库存和 C 类库存之间，既不很严格，也不很放宽的管理方式即可以。

应注意到的问题是，ABC 分类法只是一种笼统的分类，没有针对性地深入分析具体物料的情况。事实上，很有可能有些被划为 C 类的物资对企业的生产过程有着至关重要的影响，一个小零件也可能造成整条流水线的停产。显然，此前着重考虑资金占用并依此进行分类的方法是有缺陷的。为了弥补这一缺陷，我们可以在资金占用比重分类（ABC）的基础上，同时做出按物料重要性来 ABC 分类的方法，两者的结果相互参照就可以更准确地把握好库存的重点物料，真正做到抓大放小，抓住主要矛盾。

6.3　采购经理职责任务点评

采购经理要能够保证原材料的及时高效供应，既不断货也不浪费，这才是最难做到的。看似简单，其实技术性很强。采购经理的工作对生产企业的正常运营起着非常关键的作用。

第 7 章
生产经理规则与知识技能

生产经理的职责从狭义上主要是保持生产车间的高效稳定运行。但从广义上来说，则要负责规划企业的生产能力并使之与生产任务（市场订单）达成平衡，做好与销售部门的协调配合，根据主生产计划和 BOM 等信息让生产系统协调稳定地运行等。一般来说，让生产过程开展起来并不难，只要把设备、原材料和工人等资源投入进去就可以了。难点在于如何高效地运转，提高生产设备的利用率和生产效率，提高库存的周转率，减少材料浪费以及人力资源的损失。这需要许多科学理论知识的指导和技术手段的运用。生产经理还需要与有关部门的主管人员及时地沟通情况，做好协调。这样才能按时、按质、按量地完成生产任务。还有一些具体工作，如设备的维护、技改、升级、生产作业计划编制等，而不只是把生产车间内部管理好就行。本模拟系统中生产经理的主要功能与操作界面如图 7-1 所示。

本模拟系统中除了上述宏观方面的管理工作外，生产经理还有很大一部分操作是在生产车间中进行的。生产车间操作界面的示意图如图 7-2 所示。

图 7-1　生产经理的主要功能与操作界面

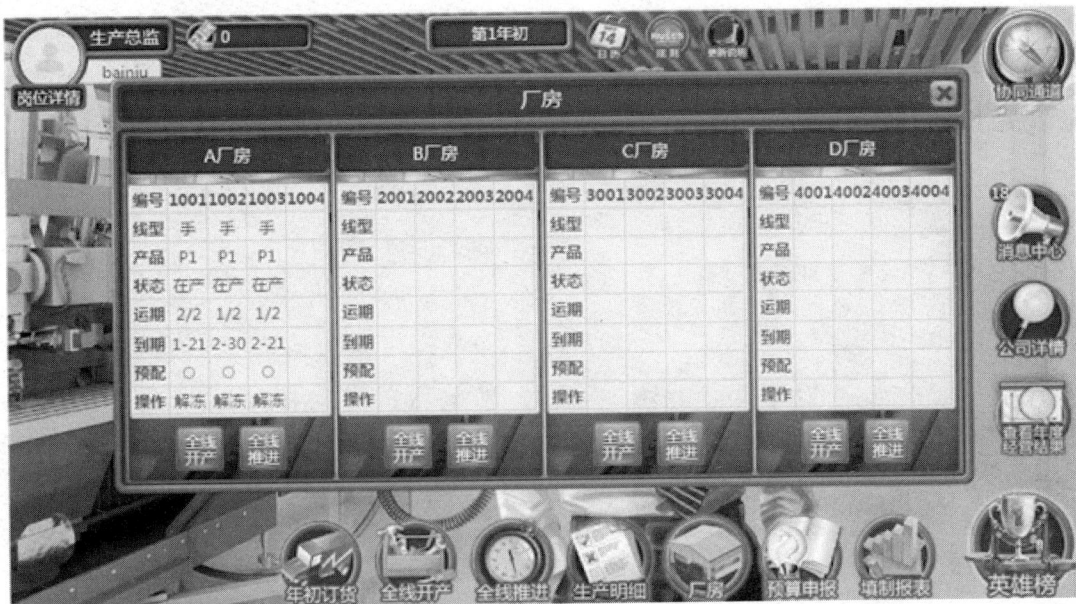

图 7-2 生产车间操作界面示意图

从图 7-2 中可以看到有不同的厂房，厂房内部显示出了各个设备的状态，设备的性质（手工线、自动线或柔性线），是否开产，目前所处的状态（第几运期），预配是否完成等信息。

作为生产经理，必须很好地把握各个订单是怎样分解到下面各个设备的，时间又是怎样安排的，什么时间出产，什么时间投料，这个产品出产后继续投入什么产品，投入多少。很显然，这是个非常细致的工作，也是非常需要科学化管理的一个岗位。在模拟实训课中，教师应该倡导学生开动脑筋，自己开发制作出一些辅助决策的工具或软件，努力把这项工作做深、做细、做到位。

7.1 生产经理主要操作要领

7.1.1 了解生产明细

图 7-3 为生产明细界面。生产经理可以通过单击生产经理办公室的"生产明细"按钮直观地看到生产线所有明细资料。前面的操作功能界面有些详细数据是看不到的，需要回到这里来查询。

7.1.2 推进期和全线推进

本模拟系统中特别做出了关于推进期的设定。

运行过程中要时刻注意图 7-4 所显示的日期，此为推进期。

图 7-3　生产明细界面

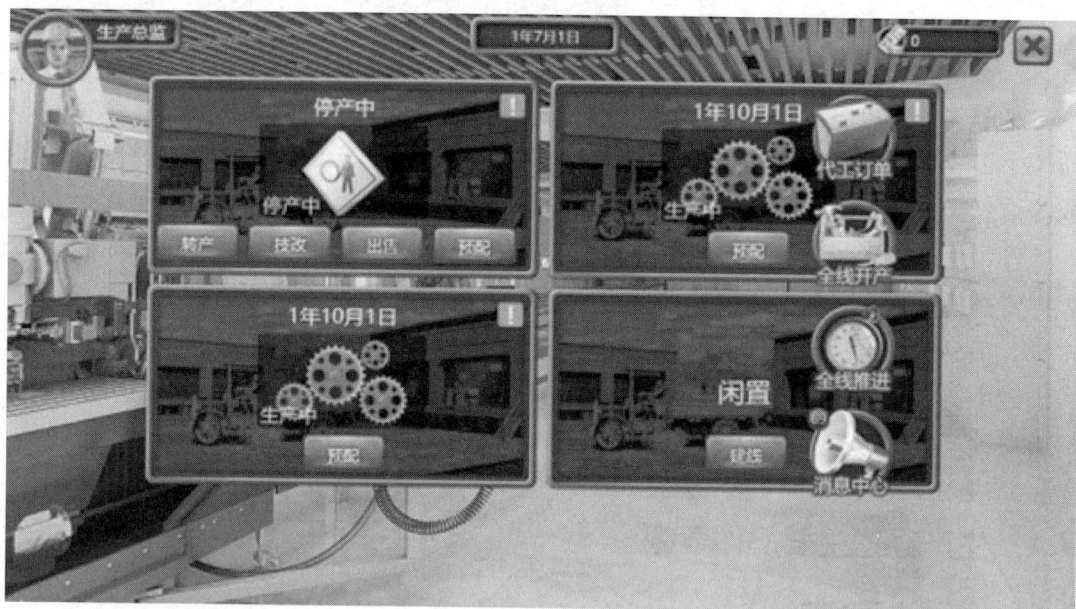

图 7-4　全线推进界面

所谓状态期是指一件产品需要 n 个生产周期中的第几期。例如，如果状态期显示 1/2，表示需要两个工期，目前处于第一期。

当生产线在建、技改、转产、生产周期更换（手工线 1 期和 2 期）时间到期后，可以进行"全线推进"操作，进入下一个阶段。

注意：虽然有推进期提示，但是必须要手工推动。推进后，生产线会停产，因为产品下线了、入库了，此时可以马上进行预配（配备原料和工人）。

另外，生产经理要注意，生产线的建成时间要与生产资质的时间相匹配，不然会造成浪费、耽误工期或者占用不必要的资金。

7.1.3 生产线预配

生产线开产之前，要求提前进行预配操作。生产预配就是为生产线配备下一步生产所需要的原材料和工人，保持其成套性。只有预配完成才能进行生产。图 7-5 所示为本系统的生产预配界面。开始生产后就可以进行下一次预配，不受生产线状态的限制（转产、技改等），不用等到产品下线。

注意：预配后原料放在待产区，如果跨年没有生产，原材料和工人将会在年末自动清空。

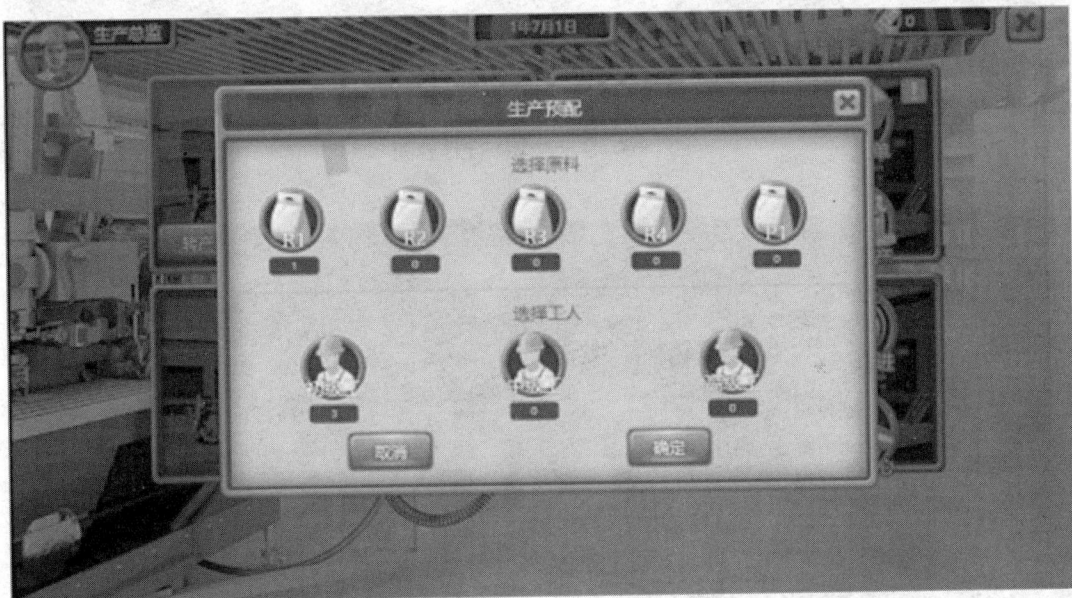

图 7-5　生产预配界面

7.1.4 生产线转产

转产是指生产线由目前这种产品的生产状态向另一种产品类型进行的转变，如原来生产线生产 P1，现在转向生产 P3。转产操作可在图 7-6 所示的生产线转产界面中完成操作。这里要特别提醒同学们注意柔性线与其他生产线在转产特性上的不同之处。

注意：只有当生产线处于停产状态时才可以进行转产操作。

7.1.5 生产线技改

技改是指通过对设备进行技术改造缩短当前生产线的生产周期，如生产周期为 60 天，经过技改后可能提高到 48 天即完成一期产品的生产。如果需要对某生产线进行

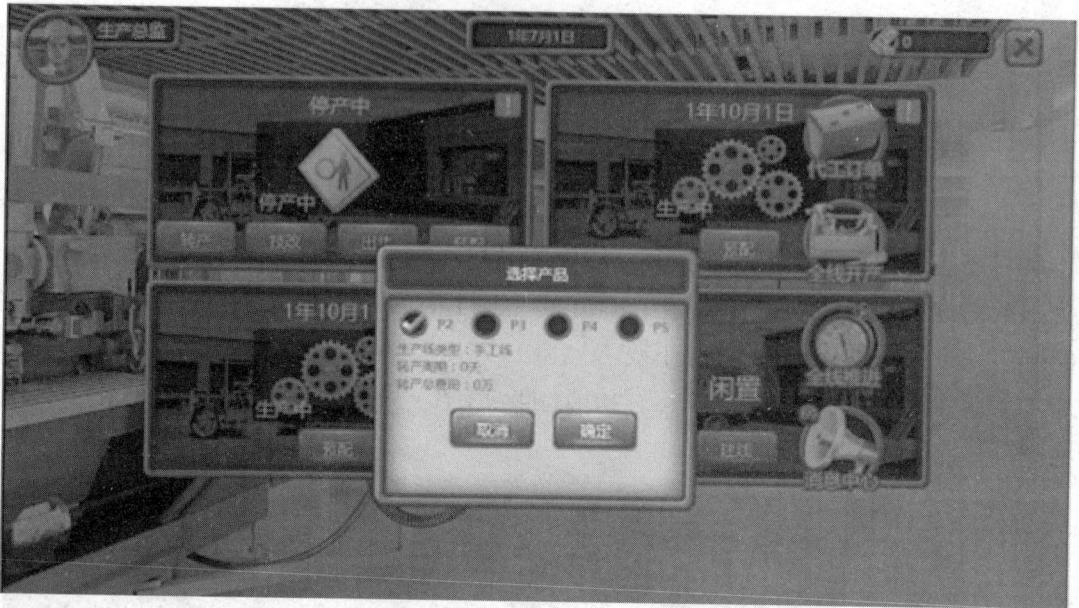

图 7-6　生产线转产操作界面

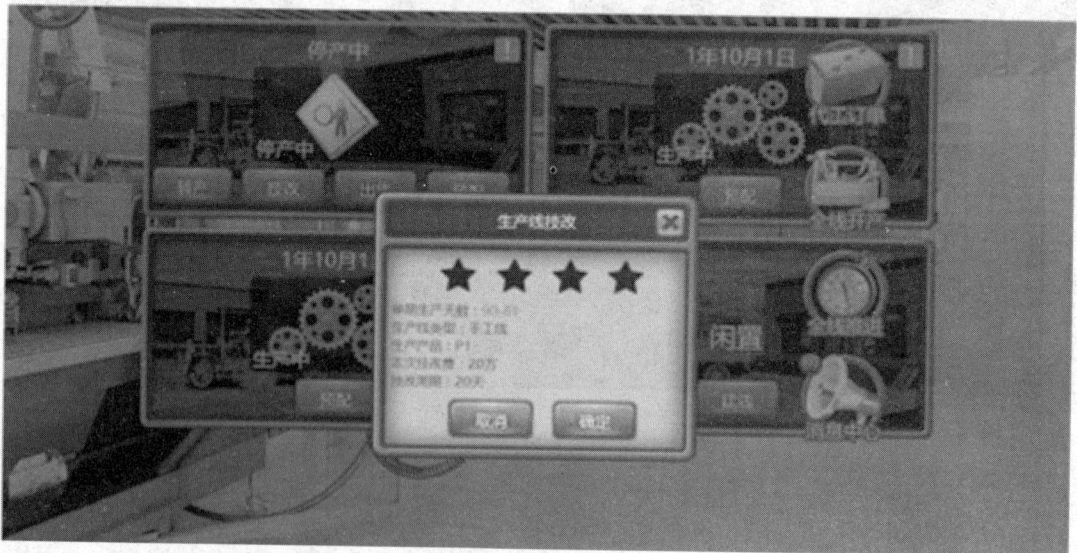

图 7-7　生产线技改界面

技改，可在图 7-7 所示的生产线技改界面中完成操作。

注意事项：

（1）对设备实施技改后，其效果是永久的。

（2）只有当生产线处于停产状态时才可以进行技改操作。

（3）实施技改的次数是有限制的，生产能力不会因为技改一直得到无限的提升。

（4）技改的效果在不同规则模板中会有所不同，一般为 10% 左右。

7.1.6　生产线全线开产

生产线开产的前提是生产线完成预配，并配备相应的工人及工资（初级工人每人4万元/年。注意，有时会忘记给工人发工资喔）。

生产线开产就是将停产或者待产状态的生产线启动，进入到生产操作状态。

总之，生产线开产有两个条件：

（1）生产线必须完成预配，处于待产状态；

（2）生产经理需要有足够的资金支付加工费。

7.1.7　生产经理主要工作内容流程图

综上所述，生产经理主要工作内容可以概括地用流程图表示，如图7-8所示。

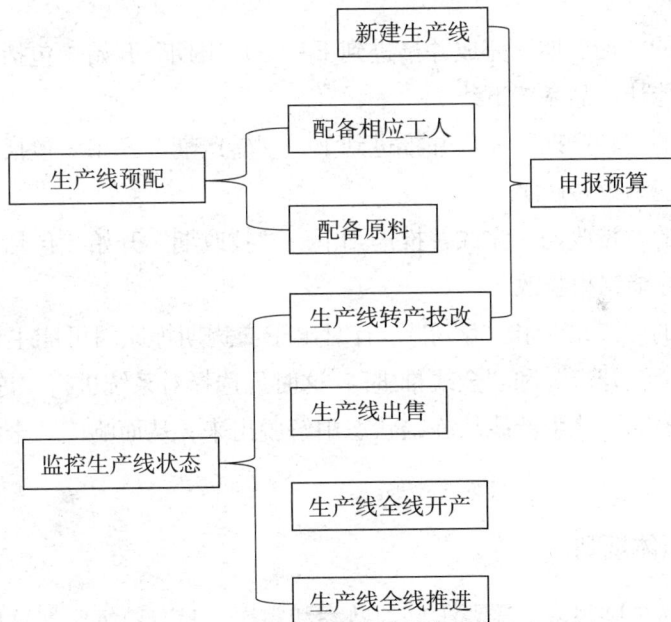

图 7-8　生产经理主要工作内容流程图

7.2　生产经理有关规则

7.2.1　推进与开产操作规则

生产经理对生产线的操作中有两个动作要特别注意：全线开产和全线推进。

通过图7-2所示的各厂房的"全线开产"和"全线推进"按钮，可以对本厂房中的各条生产线进行开产和推进的操作。

具体来说，还应该注意以下几个方面的问题。

（1）"全线开产"操作是对一个厂房内的所有状态为"解冻"状态的生产线进行上线生产的操作。

（2）成功组织上线生产需要具备以下条件：

①生产线当前处于"停产"状态；

②已获得产品的生产资格；

③生产线已完成预配；

④生产经理的资金账户有足够支付计件工资的余额；

⑤生产线处于非"冻结"状态（可以通过"冻结"/"解冻"按钮转变状态）。

（3）"全线推进"操作是对厂房内所有生产线进行进程更新的推进操作。操作中需要注意以下方面的问题：

①投资建线中的"投资期"完成并推进到下一"投资期"开始（包括最后一期推进完成建线）；

②生产操作的"加工期"完成并推进到下一"加工期"开始（包括最后一期加工到期后只有推进才能让产品完工下线）；

③转产操作的"转产期"完成并推进到下一"转产期"开始（包括最后一期转产到期只有推进后才能结束转产）；

④技改过程的"技改期"完成并推进到下一"技改期"开始（包括最后一期技改到期后，只有推进才能结束技改）。

（4）生产线的"冻结"和"解冻"：有时出于交货期等原因可能主观上暂时还不想让生产线进行"全线开产"和"全线推进"，这时可选择对系统进行"冻结"。而需要使用时，则选择"解冻"让生产线从冻结状态中解脱出来，从而响应"全线开产"和"全线推进"的操作。

7.2.2　生产线具体规则

生产线的具体规则很多，需要很好地熟悉和掌握。只有熟练掌握这些规则才能为随时变化的生产任务配备出适当的生产设备，即生产能力。具体参数可参照表7-1。

表7-1　生产线参数与规则

生产线标识	手工线	自动线	柔性线
安装每期投资 / 万元	50	50	50
安装期数 / 期	0	3	4
每期安装天数 / 天	0	60	90
生产期数 / 期	2	1	1
每期生产天数 / 天	80	80	80

生产线标识	手工线	自动线	柔性线
残值 / 万元	5	15	20
技改期数 / 期	1	1	1
每期技改天数 / 天	20	20	20
每期技改费用 / 万元	30	20	20
技改提升比例 /%	0.25	0.2	0.2
转产期数 / 期	0	2	0
每期转产天数 / 天	0	15	0
每期转产费用 / 万元	0	20	0
提取折旧天数 / 天	360	360	360
维修费 / 万元	5	15	20
操作工人总数 / 人	3	2	2
必有初级以上人数 / 人	3	0	0
必有中级以上人数 / 人	0	1	0
必有高级以上人数 / 人	0	0	1
技改次数上限 / 次	2	1	1
折旧年限 / 年	6	6	6

注：1. 安装期数：安装期指生产线的全部安装需要经过的"投资＋安装"的过程次数，每次的动作：投入资金（规定的"每期投资额"）经过"每期安装天数"，才允许进行下一期的"投资＋安装"的过程，直到"投资＋安装"的次数达到安装期数的要求后，才能建成投入生产。

2. 生产线建成总价＝安装期数 × 每期安装投资额。

3. 生产线开始投资建线时，需要确定该生产线生产的产品种类，当生产线建成后拥有该产品的生产资质时，方可开工生产。

4. 建线中一期的完成日期到达当天或之后，必须通过单击"全线推进"结束本期，开启下期。

5. 生产过程按照"生产期数"推进，每期必须进行"全线推进"操作，方能进入下期生产；最后一期到期后，同样需要单击"全线推进"才能完工下线,产品入库，否则一直处于"加工中"的状态。每个"生产期"的天数，由"每期生产天数"决定，一个产品的加工总时间（天）＝生产期数 × 每期生产天数。

6. 技改：技改是对安装完成的生产线所进行的减少"每期生产天数"的操作，一次技改减少生产天数＝当前每期生产天数 × 技改提升比例。

7. 转产：如生产线变换生产品种时需进行生产线转产，转产条件如下：
条件1：只能在"停产"状态时启动转产操作；
条件2：生产经理的资金账户必须有足够支付转产费用的资金；
条件3：生产线的操作没有被"冻结"。

8. 折旧：生产线建成后360天内不计提折旧，之后每年提取一次折旧，提取的时间：建成第361天计提第一次折旧，第721天计提第二次折旧，依次类推，直到建成后的第七年，提取最后一次折旧后，不再进行折旧操作。提取的折旧额＝（生产线总价值－生产线残值）÷ 折旧年限。

9. 维修费：建成的生产线按年提取维修费，以建成当天开始计算，每年的这一天就是支付维修费的截止日。维修费以账单的形式每月1日由系统生成提交财务，由财务完成支付（参见财务岗的"费用支付与扣除"）。

10. 生产线残值与出售：生产线残值有两个意义：
第一，判断生产线是否提取折旧的标准。当生产线原值－生产线残值≤生产线残值时，不再提取折旧。
第二，出售生产线的价格。当出售生产线时，只能按照生产线残值出售，生产线剩余的价值，计入财产损失（参见财务经理的报表说明）。

11. 操作工人：每种生产线的操作需要相应的操作工人完成。人员配套有两个重要的参数需要注意：
第一，操作工人总数：每类生产线必须的操作工人数，如每条柔性线操作工人数为2人；
第二，操作工人级别：每类生产线要求的最低级别操作工人的人数，如柔性线必须有高级工1人，即柔性线必须包括1名高级工在内的2人操作。

特别提示：要求的最低级别人数不够时，可以由高于本级别的工人代替，但相应的计件工资会提高。不同级别的工人计件工资标准见表7-2。

表7-2　各类工人计件工资

工人级别	计件工资
初级工	4
中级工	5
高级工	6

7.2.3　产品物料清单（BOM）

本公司所生产产品的物料清单见表7-3。

表7-3　某产品物料清单（BOM）示例

产品标识	P1	P2	P3	P4	P5
R1（件数）	1	1			
R2（件数）		1	2	1	
R3（件数）			1	1	2
R4（件数）				2	1
P1（件数）					
P2（件数）					1
P3（件数）					
P4（件数）					

产品物料清单（BOM）是一个产品构成的所用原料或产品的件数或称产品的生产配方。组织生产时，需要按照此配方准备原材料。

注意：实训中由于采用的模板不同，物料清单可能会有所不同。

7.2.4　生产预配的有关规则

1."生产预配"的含义

（1）将下次上线生产的原材料从库房配送到指定的生产线。

（2）将操作工人指派到指定的生产线。

2."生产预配"应注意的规则

（1）没有预配的生产线，不能进行开产操作。

（2）"生产预配"操作可以由运营和生产两个岗位共同分担。

（3）"生产预配"按生产线逐条分别地操作完成。

（4）"生产预配"可以在年初和年中阶段进行，年末禁止该操作。

（5）"生产预配"后，原材料按照先进先出的原则出库到生产线（原料库存减少），预配到生产线的操作工人被标注为"待岗状态"，不能进行培训和辞退等操作。

（6）"生产预配"的自动解除：有两种情况会自动解除已存在的预配。

①生产线进行转产操作时，自动解除原有的预配（因为转产就是为了变换产品，自然原产品的预配不适合目标产品），解除后，原料退回到库房，操作工解除待产状态。

②每年 12 月 30 日年中经营结束时，自动解除所有生产线的预配，以便于进行年末的资产盘点。

7.2.5　生产经理报表

生产经理可以借助表 7-4 和表 7-5 对在制品和生产设备等主要数据进行统计，以便于把握全局，做出下一步计划。

表 7-4　在制品统计报表

项目 / 在制品	P1	P2	P3	P4	P5
数量					
在制品价值					

注：产品"在制品价值"合计后并入"资产负债表"的"在制品"项目的年末数。

表 7-5　生产设备统计报表

项目 / 生产线	手工	自动	柔性
总投资			
累计折旧			
在建已投资额			

注：1. 各生产线的"总投资"合计数—"累计折旧"合计数（生产线净值）并入"资产负债表"的"机器与设备"项的"期末数"；
　　2. 各生产线的"在建已投资额"合计数并入"资产负债表"的"在建工程"项的"期末数"。

填报时的数据可以从生产线本年状态数据取得：

（1）"在制品数量"：当前所有生产线正在生产的产品数量（在当前生产线详细资料中查询）；

（2）"在制品价值"：当前所有生产线上的在制品总价值（包括原料成本和计件工资），数据来源于当前生产线详情；

（3）生产线"总投资"：当前生产线的总价值，即生产线原值总和；

（4）生产线"累计折旧"：当前生产线的累计折旧合计；

（5）"在建已投资额"：当前在建的生产线已经投入的资金总和，即不管何时开始投建的生产线，只要当前的状态是在建，均记为"在建已投入资金"。

7.3 生产经理应掌握的知识和技能

7.3.1 生产经理应掌握的知识

1. 生产过程的概念

生产过程（production process）是指从准备生产一种产品开始直到这种产品生产出来为止的全部过程。

企业的生产过程包括基本生产过程、辅助生产过程、生产技术准备过程、生产服务等企业范围内各种生产活动协调配合的运作过程。广义的生产过程则是指企业生产过程和社会生产过程。

产品生产过程是企业生产过程的核心部分。产品生产过程由一系列生产环节所构成，一般包含加工制作过程、检验过程、运输过程和停歇过程。

对于企业的专业方向而言，产品生产过程还有基本生产过程和辅助生产过程之分。基本生产过程是企业用以满足社会需要，在市场上销售的本企业的专业产品。辅助生产过程是生产辅助产品的生产活动。

2. 生产过程合理性的基本要求

一个组织良好的生产过程应具备以下一些特征，或者说应该尽量向着以下一些方向努力。

（1）连续性。连续性是指加工对象一旦投入生产过程，就应该连续地经过各道工序和各加工阶段，很少出现不必要的等待加工或处理的现象。

（2）平行性。生产过程的平行性是指生产过程的各个阶段、各个工序应该尽量实行平行作业，以最大限度地提高效率，缩短加工周期。

（3）比例性。主要是指生产过程的各工艺阶段、各工序之间，在生产能力的配置上要与产品制造的要求成比例，要求各个生产环节之间的生产能力保持合理的比例关系，以保证生产过程协调进行。

（4）节奏性（均衡性）。节奏性也叫均衡性，是指产品的生产从材料的投入到最后完工能够按计划有节奏地进行，保持相等的间隔时间，所生产的产品数量大致相等或稳定上升。当然，这主要是针对大批或成批生产类型而言的。

在现代社会经济背景条件下，生产过程组织的观念也在发生着巨大的变化。这些变化可以概括为以下方面。

（1）精准性。即对于生产过程中零部件、外协件，相关的各部门要做到以精确的时间和数量进行衔接，精准到位，不多不少。从而减少浪费，提高效率。

（2）自动化。自动化是工业生产的必由之路，它可以极大地提高生产效率和产量，实现生产状态的稳定和质量的稳定，特别是对于一些有害有毒的加工过程有着特殊的意义。

（3）适应性。适应性是指企业的生产过程对市场的变动应具有较强的应变能力。很显然，适应性与前面提到的自动化是有些矛盾的。要高效自动化加工生产，就很难满足对市场需求和产品品种多变的要求。

（4）柔性。柔性对于生产系统而言是有其特殊意义的。柔性主要是指生产系统对于产品品种变化时的应变能力和速度等，它是针对前面自动化与适应性两大需求的矛盾而提出来的。柔性制造系统应运而生，较好地解决了前述生产系统的根本性矛盾。

3. 专业化分工的基本原则

生产过程的组织必须选择合适的专业化原则。专业化原则有两大基本形式，一是工艺专业化，二是对象专业化，当然，实际工作中二者混合运用的情况也是很多的。此外，也有将成组技术（GT）作为一种特殊的专业化原则应用的情况。

1）工艺专业化

所谓工艺专业化原则是指按相同工艺特征建立生产单位的原则。按工艺专业化原则建立的生产单位，集中了相同类型的设备和相同工种的工人，对不同种类的工件进行相同工艺方式的加工。图 7-9 所示为工艺专业化示意图，从图中可以看到工艺专业化是机群式布置的，同类设备集中在一起摆放，如车工工段、铣工工段、热处理、电镀等。

图 7-9 工艺专业化示意图

工艺专业化具有以下一些优点。

（1）可以充分利用车间现有的生产设备和生产面积。

（2）便于开展工艺管理，有利于工人技术水平的提高。

（3）可以较好地适应产品品种的变化。

工艺专业化也有以下的不足。

（1）产品运输路线往往会比较长。

（2）生产周期较长，占用流动资金较多。

（3）各生产单位之间的协调频繁，计划管理工作复杂。

2）对象专业化

按相同加工对象建立生产单位的原则称为对象专业化（product focus）原则。以对象专业化原则建立的生产单位集中了为加工某种产品工件所需的全套设备、工艺装备和有关工种的工人。由图 7-10 可以看到对象专业化是根据产品加工需要来安排相应的设备。

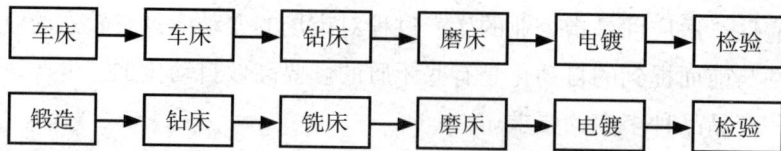

图 7-10　对象专业化示意图

相对于工艺专业化，对象专业化具有以下一些优点。

（1）生产周期短，运输路线短。

（2）在制品和流动资金占用较少。

（3）简化了计划、调度核算等工作。

对象专业化也有如下不足之处。

（1）当产量不大时，难以充分发挥生产设备的能力，不利于生产面积的充分使用。

（2）对产品品种频繁变化的适应性不如工艺专业化。

可见，这两种典型的专业化分工原则是两个极端代表，各有各的优势。所以，在现实工作中，时常会见到两种专业化形式混合使用的情况。

4. 生产计划的层次

在传统管理体系中，生产计划可分为长期计划、中期计划和（短期）生产作业计划。

（1）长期生产计划。长期生产计划属于战略层计划。它的主要任务是进行产品决策、生产能力决策以及确立何种竞争优势的决策。

（2）中期生产计划。中期生产计划属于战术层计划。其计划期一般为一年，故许多企业又称其为年度生产计划或生产计划。它的主要任务是预测市场需求，对企业在计划年度内的生产任务做出统筹安排，规定企业的品种、质量、数量和进度等指标。

（3）（短期）生产作业计划。生产作业计划属于作业层计划。它的任务主要是直接依据用户的订单，合理地安排生产活动的每一个细节，如提前期、交货期及批量等，使之紧密衔接，以确保按用户要求的质量、数量和交货期交货。

而现代管理体制则将生产计划划分为以下三种。

（1）综合计划。综合生产计划也叫生产大纲，它是对企业未来较长一段时间内资源与需求之间的平衡所作的总体性规划。综合生产计划并不具体制定每一品种的生产数量、生产时间，也不布置每一车间、人员的具体工作任务，只是对产品、时间和人员的配置进行总体规划。它一般是以产品系列为对象的。

（2）主生产计划。主生产计划（master production schedule，MPS）用来确定每一个具体的最终产品在每一个具体时间段的生产数量。这里的时间段通常以周为单位，有时也可能是日、旬或月。

主生产计划给出了特定的项目或产品在每个计划周期的生产数量。

表 7-6 为一个主生产计划示例，可以从中看出计划的过程和结果。

表 7-6　主生产计划原理示例

已知：期初库存为	45						

	4 月				5 月			
	1	2	3	4	5	6	7	8
需求预计	20	20	20	20	40	40	40	40
顾客订单	23	15	8	4	0	0	0	0
POH	22	2	-18					
MPS								

本期 POH = 上期 POH+MPS-MAX（需求预计，顾客订货量）

设生产批量定为 80：，则综合计划为

	4 月				5 月			
	1	2	3	4	5	6	7	8
需求预计	20	20	20	20	40	40	40	40
顾客订货	23	15	8	4	0	0	0	0
POH	22	2	62	42	2	42	2	42
MPS			80			80		80

计算待分配库存 ATP：

第一周：期初库存 + 本周 MPS 量减去直至下一期（不包括该期）MPS 量到达为止的全部订货量

其余 ATP：只在有 MPS 量时才算：本周 MPS 量减去直至下一期（不包括该期）MPS 量到达为止的

	4 月				5 月			
	1	2	3	4	5	6	7	8
需求预计	20	20	20	20	40	40	40	40
顾客订货	23	15	8	4	0	0	0	0
POH	22	2	62	42	2	42	2	42
MPS	0	0	80	0	0	80	0	80
ATP	7		68			80		80

新订单：	订货量	交货时间	ATP	剩余	剩余	可否满足	
	5	2	7		2	可	
	38	5	68	30		可	
	24	3			6	可	
	15	4				否	

（3）物料需求计划（作业计划）。物料需求计划是根据主生产计划的要求，对所需的全部物料（细化到零部件这一层次）所作出的安排。

上述三种生产计划的详细程度是不同的。综合计划是以产品系列为对象的，而主生产计划则是以产品品种为对象的，物料需求计划则更进一步细化到了零部件。以表格形式对三种生产计划进行排列对比，见表7-7。

表7-7　三种生产计划所对应的计划对象

生产计划类型	综合计划	主生产计划	物料需求计划
计划对象	产品系列	品种	零部件

5. 时间组织方式

这里说的时间组织方式是产品在工序间移动的方式。在批量生产的前提下，不同的时间组织方式其生产效率会有很大不同。

第一种常见的方式是顺序移动方式。顺序移动方式下，产品（零件）在各道工序间是整批移动的，即一批产品全部完成加工后才一起转入下一道工序。这种方式的优点是组织计划工作简单，设备不间断，运输集中。缺点是产品在工序间有等待，生产周期长，流动资金周转慢。

第二种方式是平行移动方式。这种移动方式是每件工件在前道工序加工完成后，立即转入下一道工序，即在各工序间形成平行作业。它的优点是工件在工序间不用等待，生产周期短，占用流动资金也较少。缺点则是组织计划管理工作复杂，设备有间断，因为上下道工序间传递时不一定正好赶上工位有空可以加工，如果设备正在加工状态就必须等待。还有一个问题就是运输不连续，一个一个地传送的效率是很低的。

可见，这两种移动方式各有优点和缺点。为了解决这个问题，又提出了一种新的移动方式——平行顺序移动方式。这是试图取前二者之长，而避二者之短的一种折中方式。具体做法：当前道工序单件时间大于后道工序的单件时间时，该产品不立即向后转移，而是等待适当的时间再转移；当前道工序单件时间小于后道工序的单件时间时，该产品立即向后转移，即把平行移动和顺序移动的特点结合到了一起，设备尽可能不间歇，又保证了平行移动快速的优点。

6. 流水线生产方式

流水线是对象专业化组织形式的高级发展，也可以说它是平行移动方式（时间组织）与对象专业化（空间组织）这两种高效生产组织方式的有机结合体。因此，它从诞生以来为生产企业普遍采用，是一种非常高效率的生产方式。虽然它已经创立一百多年了，但在21世纪的今天仍然不失为一种有效的生产组织方式。

所谓流水线，就是指产品（加工件）在生产过程中，按照规定的路线和速度，从一台设备到另一台设备，从一个工作地到另一个工作地，像流水般地移动下去，不回头，一直完成全部的加工工艺过程的生产组织形式。

很显然，组织流水线生产是需要一些必要的前提条件的，甚至可以说需要比较严格的条件才可以组织起流水线生产，否则生产系统是达不到预想的高效率的。

流水线生产具有以下基本特征：第一，流水线上的每一个工作地只完成一道或几道工序，专业化程度非常高。第二，整个生产过程完全封闭进行。工作地按工艺需要排成链锁形式，需要什么设备安装什么设备，具有典型的对象专业化特点。第三，生产具有明确的节奏性，按节拍进行生产。第四，各工序的工作地数量和本工序单件工作时间的比值是一致的，即工序单件时间 / 设备数量 = 节拍。

这样的设计使得流水线具有其他生产方式所不具有的一些优点：第一，生产过程高度平行连续；第二，能够充分发挥人员和设备的能力，没有浪费和闲置；第三，能够极大地提高生产效率，缩短生产周期；第四，运输工作量最小，在制品数量很少；第五，可以采用专用的设备和工艺装备，从而大大地提高效率。但是，有利则有弊，流水线也不可避免地存在以下缺点：第一，产品转型不灵活，对市场应变性严重不足；第二，操作工人动作单调乏味，缺乏工作热情和积极性；第三，初期建设投资和后期设备调整改造费用大。

7. 项目管理

项目管理就是对项目进行计划、组织、指挥、协调和控制，以完成项目预定目标。换个角度说，项目是为完成某一"独特的"任务所做的"一次性"努力。

所谓"一次性"是指项目有明确的开始时间和结束时间。当项目目标已经实现或因项目目标不能实现而项目被终止时，就意味着项目的结束。

所谓"独特性"是指项目所创造的产品或服务与已有的相似产品或服务相比较，在有些方面有明显的差别。项目要完成的是以前未曾作过的工作，所以它是独特的。

项目管理一般涉及三个主要目标：T——时间；C——成本；Q——质量（性能）。

项目管理的目标就是要在规定的时间内、在批准的预算内完成并且达到预期的质量性能要求。可见，这三个指标的意义非常重要，概括为以下三点。

（1）质量是项目的生命。

（2）费用（成本）控制是重要的目标。

（3）进度控制是项目管理的核心内容。

项目的质量、进度和费用这三个目标之间常常会发生冲突，在处理这三者的关系时，要以质量为中心，通过科学的计划统筹，实现三大目标之间的优化组合。

项目管理还有以下几个特别的概念。

（1）检查点：指在规定的时间间隔内对项目进行设定内容的检查，比较实际与计划之间的差异，并根据差异及时进行调整。

（2）里程碑：指完成阶段性工作的标志，不同的项目可以根据具体情况设置不同里碑，以进行阶段性检查和必要的调整；里程碑通常就意味着一个主要的可交付成果的完成。

（3）可交付成果：指某种有形的、可以核实的工作成果或事项。

项目管理的核心方法主要有甘特图、网络计划技术等，通常会辅助以一些实用的项目管理软件来帮助它实现便捷的操作和管理，如微软的 Project 等。

8. 甘特图

甘特图（Gantt chart）又叫横道图、条状图（bar chart）。它是以图形的方式通过活动列表和时间刻度形象地表示出某些特定项目活动的顺序与持续时间，是一种常用的日程工作计划进度图表。

甘特图是在第一次世界大战期间由美国人亨利·L. 甘特所发明的。他制定了一个完整的用条形图表示活动进度的标志系统。甘特图的原理很简单，就是利用线条来表示活动进度，横轴表示时间，纵轴排列活动（项目），利用线条的长度和位置表示出整个项目任务期间计划情况和实际的完成情况。它可以直观地表明某个任务计划在什么时候进行，实际进展与计划要求的对比。管理者可以一目了然地知道当前项目还剩下哪些工作要做，进度是否满足计划要求，哪些任务目前存在工期或某方面的问题而导致拖延等。

图 7-11 为某工程项目主要活动进度的局部甘特图示意（局部）。

图 7-11 中，每一个横条线代表一个具体的工作任务的时间段，什么时间开始，什么时间结束，工期等都是已经安排好了的，只要按照这里显示的时间执行就可以了。相应地，各个任务所需要用到的资源（人员、设备等）也都可以相应地标注在上面。可见，甘特图具有简单、醒目和便于编制等特点，在企业管理工作中得到了广泛应用。

甘特图按照其反映的内容不同，又可分为计划进度图表、设备（人员）负荷图表、机器闲置图表、人员闲置图表等形式。

甘特图的优点可以概括为两个方面：第一，可以直观地表明计划何时进行，进展与要求的对比情况；第二，便于管理者弄清项目的剩余任务，评估工作进度。

甘特图的主要缺点就是不能表示项目各个活动之间的逻辑关系。甘特图只侧重地关注到各具体活动的进程管理（时间）方面，而不能综合地反映项目整体的进展情况。当处理大型项目时，很难操作和发挥出较好的效果，一旦发生变动更新困难。因此，到了20 世纪 50 年代末，计划评审技术和网络计划技术（CPM/PERT）应运而生。

微软的 Project 软件可以自动排出甘特图以显示出项目进度计划。在生产制造类企业中，也常常用甘特图这种图表形式来简单直接地描述生产进度安排。比起时间表来说，甘特图表示的计划更直观，更易于分析和发现问题。

在专业的项目管理软件中，甘特图作为自动排程系统（APS）中的一个重要组成部分，直接与生产计划相关联。

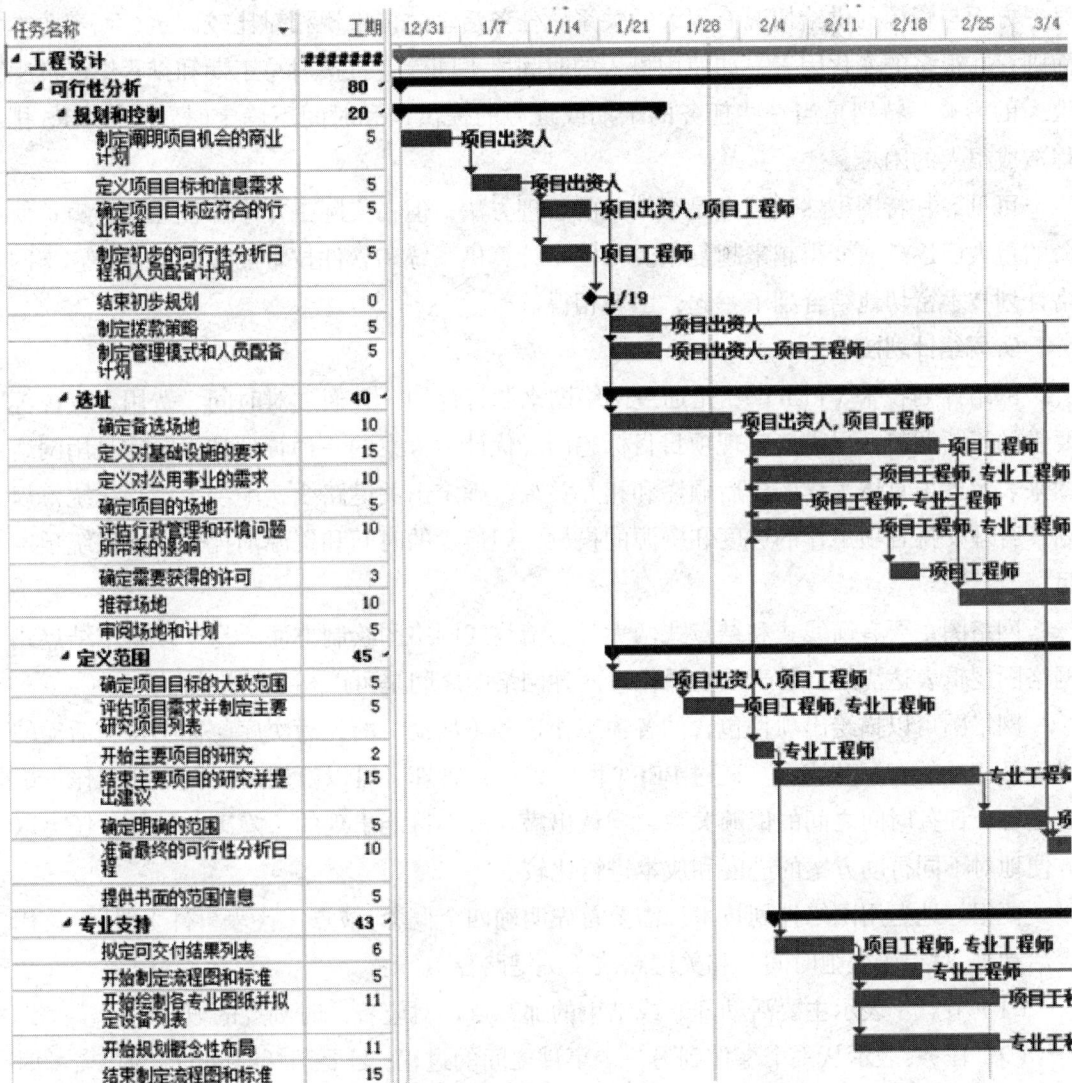

图 7-11 某工程项目主要活动进度甘特图示意（局部）

　　除普通的甘特图之外，常见的还有跟踪甘特图。二者区别为：甘特图只是简单的计划，是在项目开启前的计划安排，即某项任务在某个时间应该达到某个进度。而跟踪甘特图则是在甘特图的基础上增加一个时间和实际完成量的标志线，用来比较实际完成量和计划完成量之间的差距。跟踪甘特图每隔一个时间段就记录一次（比较与计划之间的差距），所以称为跟踪甘特图。

　　在软件系统中，一般是先通过自动排程（APS）系统得到甘特图的生产计划，项目管理者也可以通过手工对此计划做出调整和修订。APS 排程考虑的因素很多，过程也很复杂：一方面取决于生产任务的分解结构 WBS，即项目展开后各具体任务的详细情况；

另一方面与资源的供给情况有很大的关系。任务活动总体来说相对比较固定，而资源方面则存在很多的变化因素，如使用投入的时间段不同就会直接对总工期和排程结果产生很大的影响。特别是当一些任务的工期或资源的提供量和时间不确定时，会给 APS 排程造成很大的困难。

可见，甘特图虽然说起来是很简单的管理方法，但在实际工作中却往往因为肩负使命的重大而逐渐演变得越来越复杂。特别是计算机系统和软件技术的发展，使得它与网络计划技术密切地结合到了一起，二者相得益彰。

9. 网络计划技术

网络计划技术（PERT），是通过网络图来制订计划，并通过对时间、费用、资源等要素的不断调整，寻求能实现项目目标趋向最优计划方案的一种管理技术。它是用网络图来表示各项具体工作的先后顺序和相互关系，确定出关键路线，围绕关键路线统筹规划，合理安排各项工作的进度和资源的投放，用最少的时间和资源消耗来完成系统预定目标。

网络图主要有箭线式和结点式两大类。箭线式网络图绘制方便，易于理解；结点式网络图逻辑表达清楚，易于图上操作。两种网络图之间是可以相互转换的。

网络图可以描绘出项目包含的各项工作任务（活动）的先后次序，标明每项活动的时间及相关的资源和成本。通过 PERT 网络，项目管理者可以筹划需要做哪些工作，确定出各个任务时间之间的依赖关系，辨认出潜在的、可能出现的（隐患）问题，还可以方便地对不同行动方案的进度和成本进行比较。

要很好地运用网络计划技术，需要首先明确四个概念：节点（代表事件）、任务（代表活动）、时差（松弛时间）和关键路线（关键路径）。

（1）节点：表示主要活动开始或结束的那一点，对应着"时刻"的概念。

（2）任务：表示从一个事件到另一个事件之间的过程，是要消耗时间的，对应着"时间间隔"的概念。

（3）时差：不影响完工前提下该任务可能被推迟完成的最大时间。

（4）关键路线：是 PERT 网络中花费时间最长的结点或任务串联而成的路径，它可以是一条，也可能是多条。

网络计划技术具有如下优点。

（1）它比甘特图的优越之处在于它可以明确表示和处理各作业之间的逻辑联系。

（2）它可以发现关键问题，找出影响工期或造价的瓶颈所在。

（3）它可以增进部门间的交流，利于相互协作。

（4）它可以使资源分配均匀合理。

（5）它可以同时显示多种备选方案。

（6）它可以真正做到对工程进展情况心中有数。

（7）它可以将大型工程分解为一些小项目，分别研制。

（8）它既是一种计划方法，同时也是组织控制的方法。

网络计划技术的应用步骤如下。

（1）首先确定项目目标，进行前期资料的准备。

（2）依照实际工程问题进行任务分解（WBS）。

（3）分析各项任务之间的逻辑关系。

（4）估算各个任务的完成时间。

（5）绘制网络图，并进行编号。

（6）计算网络图时间参数、关键线路、时差。

（7）优化计算。

（8）重新查核方案的可行性和资源可利用程度。

（9）分发定案后的网络图表。

（10）监控及调整过程。

当然，在相关的项目管理软件里，网络计划技术的应用已经被完美地与整个项目管理的方方面面整合成为一体，不但可以处理进度时间问题，同时可以进行资源调配的平衡，造价、成本与预算的有效控制等。

10. 库存控制

库存是企业在生产运作过程中必不可少的重要资源，一个生产型企业离开库存的支撑，就如同一艘大船失去了水一样，无法运行到达既定的目标。然而，事物都有两方面，库存也是占用企业资金非常巨大的一个要素。如果库存管理不当，占用了过多的资金，可能会直接导致企业经济效率低下，甚至企业资金链断裂，危及企业的生存。因此，合理、科学地控制库存是企业管理非常重要的一项工作。

库存的概念有很多种解释。狭义的理解，库存就是存放在仓库中暂时未被利用的物品。广义的理解，所有处于暂时闲置状态，尚未被利用的各类资源都可被视为库存。

还可以进一步从专业的角度看待库存的不同形态。

（1）按库存的需求特性，库存可划分为独立需求库存和相关需求库存。

（2）按库存需求的重复程度，库存可划分为单周期库存和多周期库存。

（3）按库存在生产过程和配送过程中所处的状态，库存可划分为原材料库存、在制品库存、维修库存、产成品库存等类型。

接下来特别说明独立型需求库存和相关型需求库存，这对于现代库存管理理论来说是特别重要的一对概念。

所谓独立需求库存，是指那些随机的、企业自身不能控制，而是由市场所决定的需求产品的库存，如零售业的库存，医院的药品等。

所谓相关需求库存，则是指那些不能当作独立项目来看待，其需求量是由它们装配而成的最终产品的需求所决定的一类库存。显然，相关需求存在着相当大的变数：它与产品的结构（BOM）和产品线有着密切的关系，会在生产组织过程中产生出叠加效应，从而给生产库存的管理和控制造成极大的危害，是现代库存管理理论特别重视的一类库存。

库存又可以按以下特性进行分类。

（1）周转库存。周转库存是指由于生产或订货的批量而产生的库存。它受着生产规模的经济性和订货频率、折扣等影响。

（2）运输库存。运输库存是指处于运输或停放、等待状态下的库存。它取决于运输的批量、方式和速度。

（3）预期库存。预期库存是指在计划期内考虑到季节波动、均衡性需要等而有意安排的库存。有些情况下可以没有这一项。

（4）安全库存。安全库存是指为了防止生产中断而设置的库存。它反映了企业管理的综合水平及企业外部环境的综合水平。一般只是重要环节才需要安全库存。

正如前文所述，库存的存在对于生产过程来说是不可或缺的。它的优点体现在以下几个方面。

（1）库存可以满足不确定的顾客的（异常）需求。

（2）库存可以调整生产的均衡性。

（3）库存可以降低单位费用。

（4）库存可以防止缺货造成的损失。

（5）库存可以缓解，甚至消除物料价格上涨的压力。

但是，也必须看到，库存除了有着上述明显的优点之外，同样也有着令人无奈的缺憾。

（1）库存使很大一笔资金被占用。

（2）庞大的库存系统会产生很大的运营费用。

（3）相应的订货费用和生产系统调整费用也较高。

（4）库存多，发生缺货损失和库存消耗的比率也相应提高。

（5）更为严重的，现代管理学者们注意到，库存还掩盖了生产系统潜在的各种管理问题，生产系统会得过且过，一些管理上的隐患永远得不到消除！生产系统的难关一过，危机消除，长期占用流动资金、阻碍资金周转，甚至一些技术性问题都感觉不那么重要和迫切了。

因此，一些国家的学者把库存称为"必要的恶魔"，甚至"万恶之源"，足见对库存问题的重视和无奈。

11.MRP 与 MRP II 的原理

1）MRP（物料需求计划）

物料需求计划是20世纪70年代成熟起来并被企业管理界普遍运用的一种管理手段。

这个时期，随着社会的不断发展，人们对物质产品的需求越来越丰富，花样越来越多，这对于生产制造企业来说是个很大压力。企业必须打破原来的大批量生产模式转向中小批量甚至批量订制生产。由此带来的生产管理问题是严峻的，原来的物料管理模式不再适应变化的需求，订货模型不再有效，结果造成库存量不断加大，流动资金大量沉淀，周转不起来。1975 年，美国学者约瑟夫·奥里奇提出，相关需求引起的需求波动现象可以借助计算机通过模型计算来得到控制，这就是 MRP 的最初构想。

MRP 的基本原理可以从以下两个方面分析。

（1）与传统的物料控制方法完全不同，MRP 是从最终产品的生产计划（独立需求）导出相关物料（原材料、零部件等）的需求量和需求时间（相关需求）。

（2）MRP 是根据物料的需求时间和生产（订货）周期来确定其开始生产（或订货）的时间的。它能计算出为完成产品出产，需要生产哪些零部件，生产多少，什么时候下达零部件的制造指令，以及何时完成等这样的详细计划安排。这个结果对制造业的物资管理来说具有极其重要意义，也可以说是原来的生产管理者们梦寐以求的一种管理境界，如今在计算机软件系统的帮助下实现了。

MRP 具有以下一些特点。

（1）MRP 是计划主导型系统，适用于以销定产的生产系统，企业可以更好地应对市场需求的变化。

（2）系统中零部件库存水平较低，可以实现精细控制。

（3）MRP 打破了产品界限（原来各产品系列是独自采购并组织生产的），实现按零部件最佳批量组织生产，彻底解决了一面库存一面进货的问题，也为企业间实现专业化协作提供了前提。

（4）实现数据的集中管理，保证数据完整性和准确性。

2）MRP Ⅱ（制造资源计划）

以 MRP 为基础，进一步发展出 MRP Ⅱ（制造资源计划），这不是简单的升级换代，而是革命性的突破。所谓制造资源的含义非常广泛，是包括企业的物料、人员、设备、资金、信息、技术、能源、市场、空间、时间等用于生产的资源的统称。

制造资源计划贯穿于企业生产制造的全过程。从微观到宏观，从物流、信息流到资金流都有机地结合，所以，MRP Ⅱ 与前面的各种方法不同，已经发展成为一种管理思想方法，是以计划管理为主线的生产经营管理模式，是一种新的管理哲学。

（1）MRP Ⅱ 的功能：

①其功能范围上至经营规划，下至作业指令；

②从物流到资金流全面覆盖；

③是一套全新的经营管理模式，不再只是生产组织、作业计划、库存管理等专业领域的管理问题。

（2）MRP Ⅱ系统的特点有以下几种。

①计划具有三级计划管理一贯统一的特点，并可以进行生产能力验证平衡。

② MRP Ⅱ可以把企业中的各个子系统有机地结合起来，形成一个完整的系统来处理。

③ MRP Ⅱ的所有数据来源于企业的中央数据库。各子系统在统一数据环境下工作，一处输入，所有终端都可以数据共享，同时也保证了数据的一致性，基本实现了无纸化办公作业。

④ MRP Ⅱ是个反馈系统，实现了跟踪、控制、反馈并能够及时做出调整，缩短了生产周期，具有的较强应变能力。

⑤ MRP Ⅱ具有模拟功能，能根据不同的计划构想模拟出各种未来将会出现的结果。

⑥ MRP Ⅱ将生产系统的提前期、批量、废品率、准结时间、能力需求量、等待与搬运时间等基础参数均看作确定的，并作为计划与组织未来生产的基础数据。

⑦ MRP Ⅱ对基础数据的要求是很严格很精细的，如物料清单、工艺文件、材料定额、库存记录、设备及能力信息、顾客及供应商信息等都需要全面系统准确地输入。

MRP Ⅱ原理示意图如图 7-12 所示。

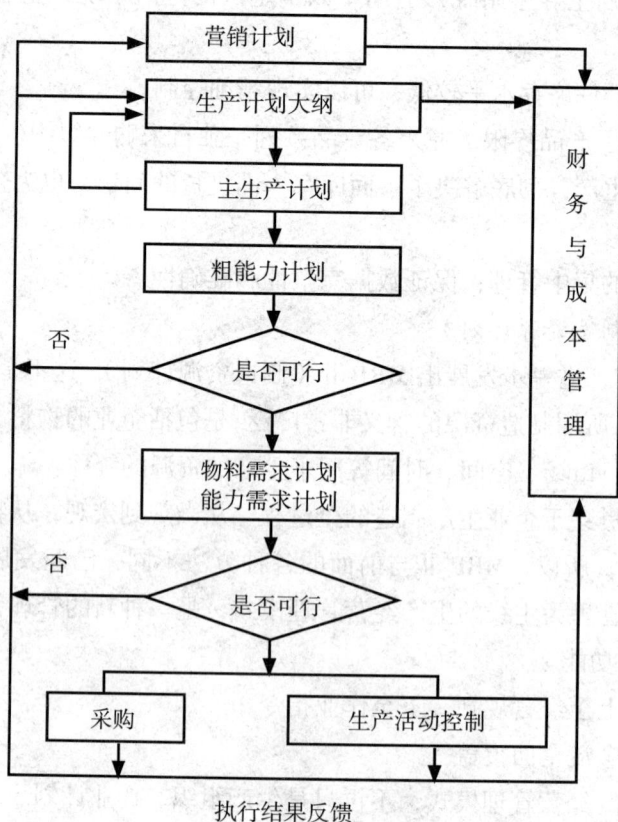

图 7-12　MRP Ⅱ原理示意图

12. FMS 与 CIMS

1）FMS（柔性制造系统）

柔性制造系统是使用公用的电子计算机系统和物料输送系统把机床和设备连接起来的生产系统。FMS 可以在生产线不停机的情况下自动实现向另一种产品的快速转换。FMS 是 20 世纪 60 年代中期在美国发展起来的。FMS 的出现使困扰生产企业许久的生产效率与产品品种转换之间不可兼得的矛盾得以解决，可以说具有划时代的意义。

FMS 是具有分布式数据处理功能的由计算机数控机床、计算机控制的装配单元、工业机器人、自动检测机器，以及计算机物料处理与存储系统等集合而成的，实现物流自动化的系统。

柔性制造系统具有以下一些优点。

（1）机床利用率高，可达 85%，而一般 NC 机床的利用率小于 50%。

（2）加工制造与研制周期缩短。FMS 使安装等待时间大为减少，非加工时间下降，普通系统准备结束时间较长。

（3）在制品及库存量大大降低。

FMS 的核心部分自然是自动加工模块，即实现自动控制的切削加工单元，包括柔性制造单元、群控或计算机数控、单功能数控机床等。除此而外，FMS 还需要配合以许多系统。一般包括下列组成部分。

（1）刀具预调站。刀具预调站需要工人将磨好刀具及其参数、代码通过对刀仪传送给 FMS 控制系统。

（2）刀具管理子系统。刀具管理子系统是控制 FMS 中刀具的交换、存储及使用寿命的子系统。

（3）工件装卸站。工件装卸站通过字符或图形显示图端，提供 FMS 系统所指定的夹具拼装施工图或拼装块清单等。

（4）辅助功能模块。辅助功能模块是指切削加工单元以外的自动运行设备，如检测、清洗等。

（5）物料运输子系统。物料运输子系统的功能是送工具、送清洗、送测量、送工件，以及将工件装于机床上等，通常每台设备有一个运输机构，如小车、传送带、自动吊车、有轨车、上下料设备（机器人）等。

（6）自动化仓库。自动化仓库自动存贮 / 自动检索系统（automated storage/retrieval system，AS/RS），通过计算机对工件、制品、夹具等进行编码和出入库管理。

2）CIMS（计算机集成制造系统）

目前，FMS 已经大多与更先进的管理理念相结合，发展成为计算机集成制造系统，即 CIMS。所谓 CIMS，其概念是 1973 年由美国学者约瑟夫·哈林顿提出来的。1985 年 IBM、DEC 等公司设计出 CIMS 模型，并在企业界迅速得到实施，并在 20 世纪 80 年代后期成为世界制造业的主流发展方向。

CIMS 是指运用系统工程的整体优化观点，将现代信息技术与生产技术结合起来，从信息技术和组织上将生产全过程的各个工作系统和信息系统联系起来，以便有效地提高企业对市场需求的响应能力和生产率。

CIMS 的典型构成通常包括四个分系统：①管理信息分系统；②技术信息分系统；③制造自动化分系统；④计算机辅助质量管理分系统。此外，还需要两个支持分系统：数据管理和网络分系统。

13. 设备管理与技改

传统的设备管理只注重对设备的物质形态进行管理，这被称为是第一种形态的管理。现代设备管理的理念已经大大扩展，不但要注重设备物质形态的管理，还要注重设备的经济形态，即对设备的资金形态的管理，如设备的最初投资、维修、折旧、改造更新等环节的管理，这被称为第二种形态的管理。

设备的寿命可以分为使用寿命、技术寿命和经济寿命三种。

设备的种类一般包括：生产性设备、动力设备、传导设备、交通运输设备、仪器仪表设备等。

设备的选择主要应考虑：生产效率的大小、可靠性如何、节能环保性如何、成套性如何、可维修性如何、安全性如何等。

设备管理（狭义）的主要内容为：选择和购置企业生产所需的设备、组织安装和调试将投入运行的设备、正确合理地使用投入运行的设备、精心维护和及时检修设备、适时改造和更新设备。

设备的技术改造，又称为设备的现代化改装，是指为适应企业生产发展的具体需要，应用新的科学技术成果和先进经验，通过改变现有设备的结构（给旧设备更换或增加新部件、新装置、新附件），来提高现有设备的技术性能的技术管理活动。

设备更新改造的技术经济评价，实质上就是对原有设备继续使用、用原型新设备更换旧设备、用新型设备更换旧设备、对原有旧设备进行技术改造这四种可能的互斥方案的经济性进行分析比较的过程。技术经济评价的关键是确定各种方案的费用与收益。

设备管理的历史发展主要体现在设备维修方式的演变上，大致经历了以下四个发展阶段：①事后修理阶段；②预防维修阶段；③生产维修阶段；④维修预防阶段。

设备综合管理则是在维修预防的基础上，从行为科学、系统理论的观点出发，以提高设备综合效益和实现设备寿命周期费用最小为目标的一种新型设备管理模式。

设备综合管理有两种典型的代表理论：一是设备综合工程学，二是全员生产维修制（TPM）。

英国工商部对设备综合工程学所作解释是："为了谋求设备的最经济寿命周期费用，而把适用于有形资产的有关工程技术、管理、财务以及其他业务工作加以综合的科学"。

全员生产维修制是日本式的设备综合工程学，两者在本质上是一致的，只是设备综合工程学更侧重于理论，全员生产维修制更具有操作性。

在本模拟系统中，对设备技术改造可以大幅度提高生产能力，缩短交货周期。这对于激烈的市场竞争来说是非常有利的。

14. 质量的概念

质量是对产品或服务水平优劣的评价。质量的概念有广义和狭义之分。狭义的质量指的是产品质量的好坏；广义的质量除产品质量外，还包括过程质量和工作质量。因此，可以说质量就是产品、过程或服务满足规定要求的优劣程度。

本节先侧重谈谈产品质量。产品质量一般从性能、寿命、可靠性、安全性和经济性五个方面来考验。

（1）性能是指产品满足使用目的所具备的技术特性。

（2）寿命主要是指前文中所说的物理寿命。

（3）可靠性是指产品的规定的时间内，在规定的条件下，完成规定功能的能力。

（4）安全性是指产品在制造、储存和使用过程中保证人身与环境免受危害的程度。

（5）经济性是指产品从设计制造到使用过程中，整个寿命周期的成本大小。

15. 产品质量、工序质量与工作质量

生产系统如何保证产品的质量是个非常复杂的问题，需要全面系统地考虑这个问题。一般需要从产品质量、工序质量和工作质量这三个不同的层面来展开工作。

（1）产品质量是指产品适合于规定的用途，满足社会和人们一定需要的特性。

（2）工序质量（工程质量）是指生产工序能够稳定地生产合格产品的能力。工序中影响产品质量的因素有很多，可以概括为人、机、料、法、环五个方面。

（3）工作质量则是很广义的说法，是指通过企业的管理、技术和组织等工作的有效组织，从根本上形成一整套保证高效、稳定、不出错（及时报错、纠错）的工作机制，从而保证本企业产品和服务的质量。

只有建立起切实有效的质量保证体系，才能稳定持久地生产出高质量的产品，也才能在激烈的市场竞争中站稳脚跟。企业生产出一两件、一两批优质产品并不难，难的是如何保证每一批产品都是优质产品。此外，企业还要不断改进产品和服务的质量，把"以质量求生存，以质量求发展"的理念落到实处。

16. 质量管理

美国质量管理专家费根堡姆认为，质量管理是把一个企业内部各个部门在质量发展、质量保持、质量改进方面的努力结合起来的一个有效体系，以便使得生产和服务达到最经济的水平，使用户满意。要做到这些，企业的质量管理工作应注意把握住以下一些基本原则。

（1）顾客至上的原则。企业应尽一切努力满足顾客需求，以满足顾客的需求为管理

工作的基本出发点。

（2）全员参与的原则。质量管理不只是一个部门的事，它与企业管理的方方面面都有关联，所以企业全员都必须参与进来。一个辅助人员的工作不到位都可能影响到产品和工作的质量。

（3）持续改进的原则。质量不是达到一个水平（如达标，拿到认证）就可以高枕无忧了，而是要不断提出新的目标（目标无终止，改善无止境），周期性地进行自我评价，鼓励采用积极的、预防性的改进措施。

（4）系统性原则。要努力建立一个有机的质量管理体系，避免（消除）部门之间各自为政的局面。

人是企业生产管理中最大资源，同时也是最大的难点，因此也是目前所有管理理论所讨论的重点。人的性格、心理特征不同，生产的效率、对待工作的态度，对产品质量的理解也不一样。围绕着"人"的因素，不同的企业有不同的管理思路，如有严格管控的思路，也有努力激励的思路，还有做主人翁的思路等，需要根据本企业员工的具体情况有针对性地采用相应的管理思路。

17. 工序能力指数

工序是组织加工生产最基本的生产单位，是保证产品质量的最基础的环节。所谓"过程能力指导"能力是指生产系统能够稳定地生产出产品的能力。换个角度说，是生产系统在操作者、机器设备、原材料、操作方法、测量方法和环境等条件稳定不变的情况下，工序所能够达到的加工精度。

工序能力分析是质量管理的一项重要工作，它通过抽检并计算出各道工序的工序能力指数来掌握各道工序的质量保证能力，为产品生产过程的质量控制提供必要的资料和依据。

那么什么是工序能力指数呢？工序能力指数是现代企业用于表示工序能力的一个指标。工序能力指数好意味着生产状态稳定可靠，生产系统能够生产出高质量、而且平稳性好的产品。

工序能力调查的目的是掌握每一个基础工序的工序质量状态，特别是关键控制工序，为全面掌握整个生产系统的质量水平提供依据，同时也是建立质量控制点的基础依据。

工序能力的调查首先需要从对关键工序的数据采集开始，并通过频数分布表、直方图以及工序能力控制图等工具来判断工序是否处于稳定状态，计算出工序能力指数CPK，从而实现对工序状态的全方位把握。

此外，工序能力调查还可以为进一步的产品设计和工艺设计开发工作提供重要资料，使产品设计减少盲目性；为工艺规程设计和修订、工艺装配的设计和修改、设备的选用以及对环境的要求等提供可靠资料；还可以为制定产品检验方法、编制产品说明书、检验等工作提供有力的技术支持。

18.质量成本

质量成本是指企业为保证或提高产品质量活动所支出的费用和由于质量故障所造成损失费用的总和。

质量成本是生产管理过程所必然发生的成本，是质量管理活动的一个主要方面，也是衡量质量管理体系有效性的一个重要指标。

质量成本一般由损失成本、预防成本和鉴定成本所构成。其中，损失成本又可以分为内部损失成本和外部损失成本。

损失成本加上预防成本和鉴定成本就共同构成了运行质量成本，再加上外部质量保证成本，就构成总的质量成本。

（1）企业内部损失成本是指产品出厂前因不满足规定的质量要求而做出的补救工作所支付的费用。

（2）鉴定成本是指为了请专家或专业部门评定产品是否满足规定的质量水平所支付的费用。

（3）预防成本是指用于预防产生不合格品和避免产生故障等所需的各种费用。

（4）外部损失成本是指成品出厂后因不满足规定的质量要求，导致索赔、修理、更换或信誉损失等而支付的费用。

19.ISO 9000 和 ISO 14000

ISO（International Organization for Standardization）是国际标准化组织的英语简称，它是世界上最大的国际标准化组织。它所出台的各项标准中，备受关注的一般是 ISO 9000和 ISO 14000 这两个系列标准。其中 ISO 9000 系列（即后来的 ISO 9000:2000 族标准）是质量认证体系标准，ISO 14000 系列标准是环境体系认证标准。

1）ISO 9000 ：2000 族标准的构成和特点

历经了多年的标准修订过程，ISO 9000:2000 系列标准于 2000 年 12 月 15 日正式由国际标准化组织颁布实施。新的 2000 版 ISO 9000 族包括四个核心标准及一个辅助标准和若干个技术报告，其中四个核心标准是：

① ISO 9000：2000　质量管理体系基础和术语；

② ISO 9001：2000　质量管理体系要求；

③ ISO 9004：2000　质量管理体系业绩改进指南；

④ ISO 19011：2000　质量和环境管理体系审核指南。

2）质量认证的概念

质量认证概念的提出对于管理学来说具有划时代的意义。在此之前，质量管理是企业内部的事情，自检互检，通过各种图表和技术手段对工序质量进行监控等，质量认证概念的提出彻底打破了这一传统模式。它是指由一个公认的、权威的认证机构（第三方的机构）对产品或服务是否符合规定和要求（如标准、技术规范和有关法规）等进行鉴别，以及提供合格证明（认证证书和认证标志，并予以注册登记）的活动。这样，这种认证就具有了一种信誉和担保的作用。通过了这种认证就是本企业产品的质量管理水平达到某种程度，值得广大用户信赖。

我国也同步引入了这套标准。我国企业申请产品质量认证必须具备四个基本条件：

①中国企业持有工商行政管理部门颁发的"企业法人营业执照"；

②产品在一年以上连续抽查合格，产品质量稳定；

③企业目前能够正常批量地生产产品；

④产品符合国标、行标（或部标）及其补充技术要求。质量体系符合 GB/T 19000—ISO 9000 族中质量保证标准的要求。

显然，最后一个条件是要不断努力创造的。因为质量体系的建立不是一朝一夕之功，企业长期开展并宣传贯彻 GB/T 19000—ISO 9000 族标准，结合企业实际，才能建立起有效的质量体系保证体系。

3）ISO 14000 系列标准简介

ISO 14000 环境管理系列标准是国际标准化组织（ISO）继 ISO 9000 标准之后推出的又一个管理标准。该标准共有 14001 到 14100100 个号，统称为 ISO 14000 系列标准。

国际标准化组织（ISO）于 1993 年成立了 ISO/TC 3207 环境管理技术委员会，正式开展环境管理系列标准的制定工作，以规划企业和社会团体等所有组织的活动、产品和服务的环境行为，支持全球的环境保护工作。

我国企业申请 ISO 14000 体系认证需要的条件也是很全面的，要求很具体。例如，一年内未受过环保部门处罚，能够稳定正常地批量生产，各项技术指标稳定等。

7.3.2 生产经理应掌握的技能

1. 成组技术（GT）

成组技术（GT）是 20 世纪 50 年代由苏联学者提出来的。当时只是作为一种工艺管理的组织方法运用，效果很好。随着计算机技术的普及应用，这种方法的潜在价值被发现，结合了计算机技术后，新 GT 应用的领域也越来越广泛。

所谓成组技术，是一种建立在零件结构和工艺相似性基础上的，合理组织生产技术准备和产品生产过程的方法。

成组技术是组织多种中小批量生产的一种非常有效的管理组织方式。在柔性制造系统（FMS）出现之前，它是解决生产效率与品种快速转换以适应市场需求的有效工具和手段。它是将企业所有的零部件按结构和工艺的相似性进行分类编码，并以此进行分组，以组为对象组织加工和管理，这样可以相对增加产品的批量（成组批量），从而减少重复劳动，节省时间，提高效率。

成组技术的内容要点如下：

①将企业生产的所有零件按结构和工艺相似性，依一定的分类规则进行分类编码；

②根据这样的分类系统建立成组生产单元、成组流水线或成组车间；

③按零件的分类编码系统进行产品设计和零件选用；

④按成组工艺的要求设计工装，编制工艺规程。

目前这些原理借助计算机和相关软件已经在许多领域得到了广泛的运用，并取得了良好的效果。

2. 怎样用 Excel 制作甘特图

甘特图是生产管理者经常需要使用的一种工具。手工绘制当然是一种方法，教师还可以引导学生学习使用电脑系统来制作和使用甘特图，这样就可以为大家一起讨论、交流和修改计划方案带来很大的方便。下面介绍一种用 Excel 制作甘特图的方法。

（1）首先在 Excel 表中输入任务、开始时间和工期等。如图 7-13 所示。

任务名称	开始时间	工期	完成时间
手工线1	2018/8/1	180	2019年1月21日
第2产品	2019/1/22	180	2019年7月21日
手工线2	2018/12/8	180	2019年5月30日
第2产品	2019/5/31	180	2019年11月30日
手工线3	2018/12/8	180	2019年5月30日
第2产品	2019/5/30	180	2019年11月19日
P2资质研发	2018/8/5	60	2018年10月31日
订单1	2019/1/26	2	2019年1月28日
订单2	2018/11/2	2	2018年11月5日
订单3	2019/12/12	2	2019年12月13日

图 7-13　输入任务等数据示意图

（2）将时间列的单元格式改为常规。单击右键设置单元格格式。如图 7-14 所示。

任务名称	开始时间	工期	完成时间
手工线1	43313	180	2019年1月21日
第2产品	43487	180	2019年7月21日
手工线2	43442	180	2019年5月30日
第2产品	43616	180	2019年11月30日
手工线3	43442	180	2019年5月30日
第2产品	43615	180	2019年11月19日
P2资质研发	43317		2018年10月31日
订单1	43491		2019年1月28日
订单2	43406		2018年11月5日
订单3	43811		2019年12月13日

图 7-14　更改时间列格式

（3）选择数据，单击"插入"按钮，找到条形图—二维条形图—堆积条形图，单击选择即可。如图 7-15 所示。

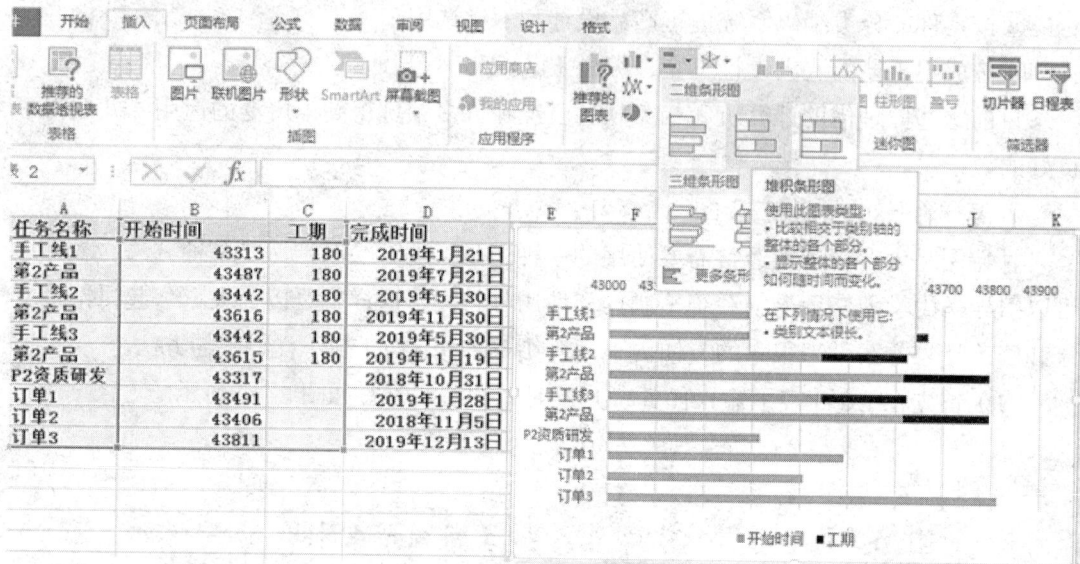

图 7-15　插入条形图

（4）将时间条显示在上方，方便查看。单击生成图的 Y 轴，单击右键，选择设置坐标轴格式，勾选"逆序类别"，如图 7-16 所示。

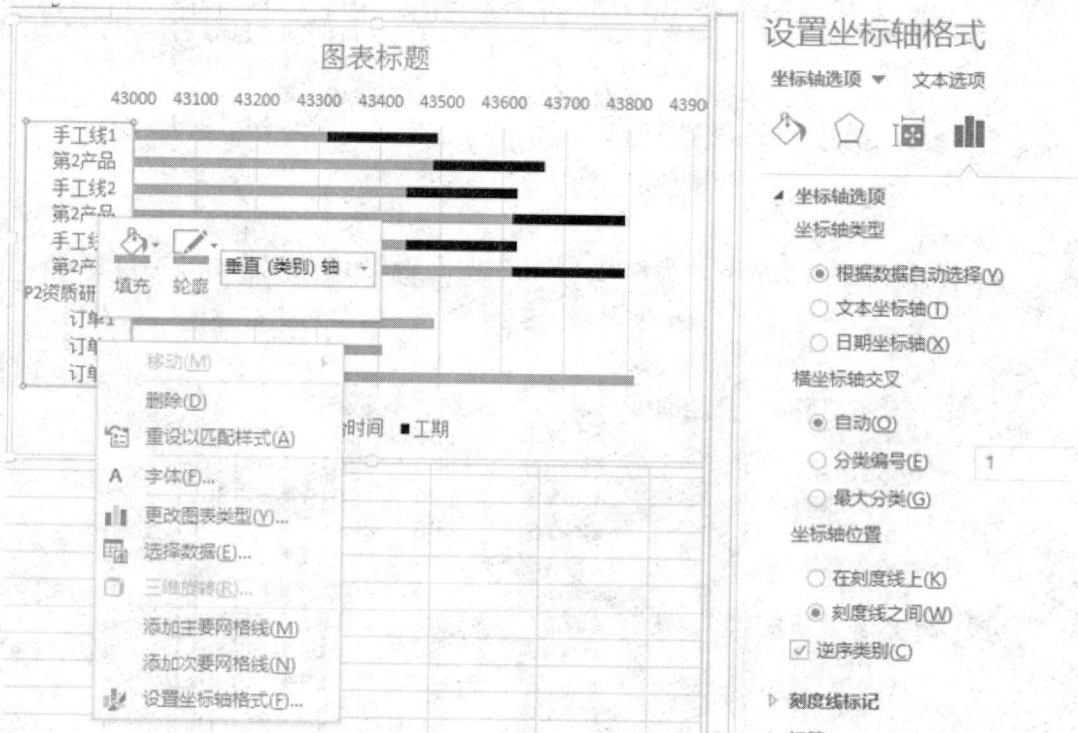

图 7-16　选择"逆序类别"

（5）选择列表中的图像，选择蓝色部分，单击右键，设置数据系列格式为"无填充"。

（6）再将日期单元列的格式换回为日期格式，如图 7-17 所示。

（7）即得到所需要的甘特图了。最终效果如图 7-18 所示。

特别注意，建立数据时最好多加几行数据，暂时无用也无妨，以备将来情况变化，如新建了生产线，这时就可以添加进去，而不必重新制作一个甘特图。

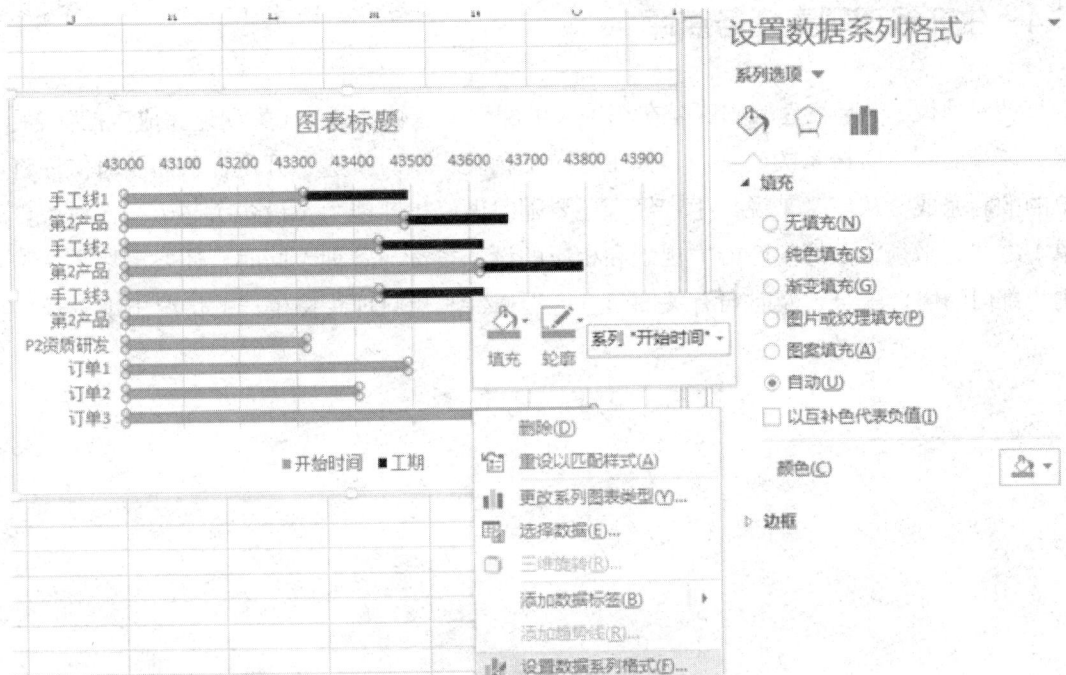

图 7-17　时间列格式改回日期格式

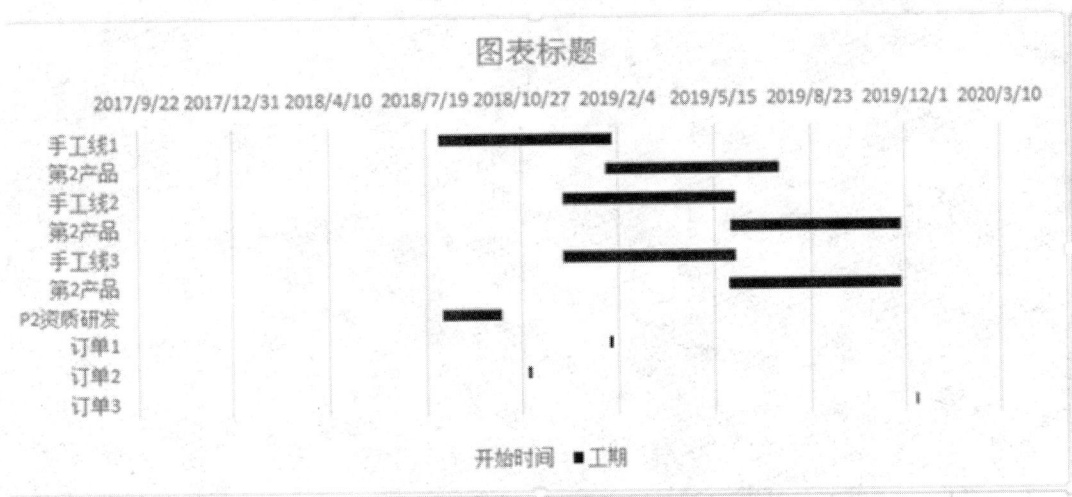

图 7-18　Excel 制作的动态甘特图

另外，也是最重要、最实用的一点，就是这个表中的数据是可以实时更换的。现有项目数据可以换，也可以直接更换数据源，进度图也会同步改变，也就是说这里建立的是一个通用模板，学生可以在此基础上进一步完善和添加自己需要的功能。这个模型还比较初级，但提供了一条简便实用的建立甘特图的手段，比起 Project 等专用软件来说还是很方便的，当然也有一些不足有待完善。

7.4　生产经理职责任务点评

狭义地说，生产经理的职责是在相关人员配合下能够高效、无失误地完成生产任务，保证产品能够按时按量的交货。具体工作包括预配，按时推进、开产，从而及时保证订单的顺利完成。从广义来说，生产经理还要随时做好生产能力（设备）与生产任务（订单）之间的平衡，做好生产能力规划和相应的设备投资与管理。同时，还要密切注意与销售部门的协调配合，及时与有关部门进行沟通，避免只埋头搞生产的情况出现。

第 8 章
财务经理规则与知识技能

　　财务经理可以说是一个企业的大管家，这个职位掌握着企业的资金运作。而资金如同人身体中的血液一般，气血旺盛则人的精力充沛，反之，则万事难成，企业的运作也是同样道理。资金合理顺畅地运作，能够为企业的各方面提供及时充分（但不是过度）的人力、物料、设备和信息等方面的保证，形成良性的周转。财务经理的职责一方面是资金的内部合理调配，另一方面是资金的外部筹措、借贷等。此外，预算审批、财务核算也是财务经理的日常工作。

　　财务部办公室界面如图 8-1 所示，主要有时间坐标、资金情况的显示，还有一些可操作功能。

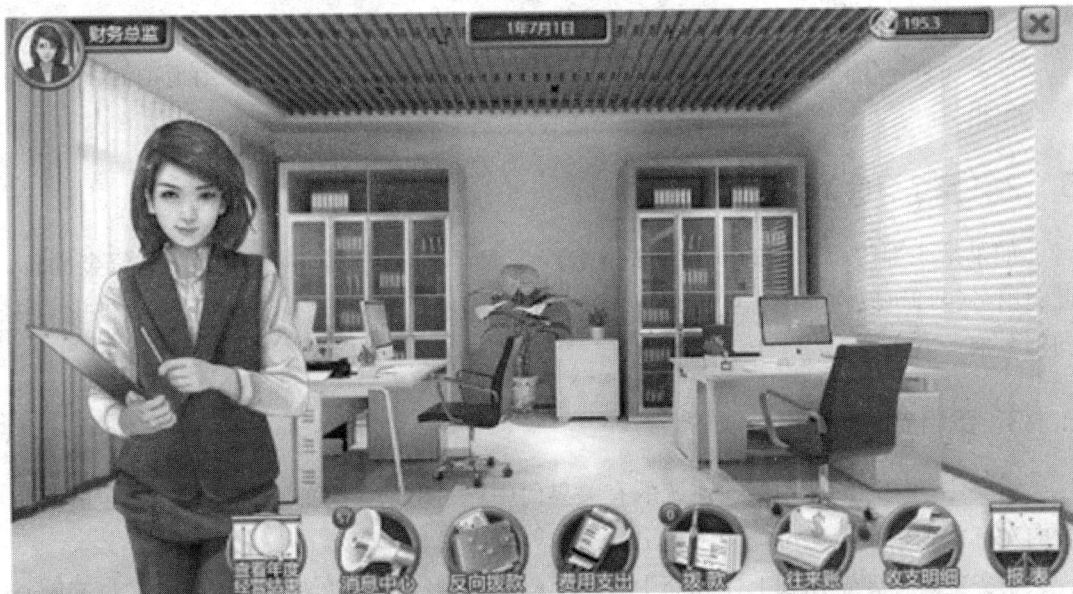

图 8-1　财务部办公室界面

8.1　财务经理主要操作要领

8.1.1　拨款（预算审批）

　　当某个部门进行资金申报时，此信息会反映在财务经理的相关界面中。财务经理可以在如图 8-2 所示的界面中通过拨款操作进行批准或者驳回操作。

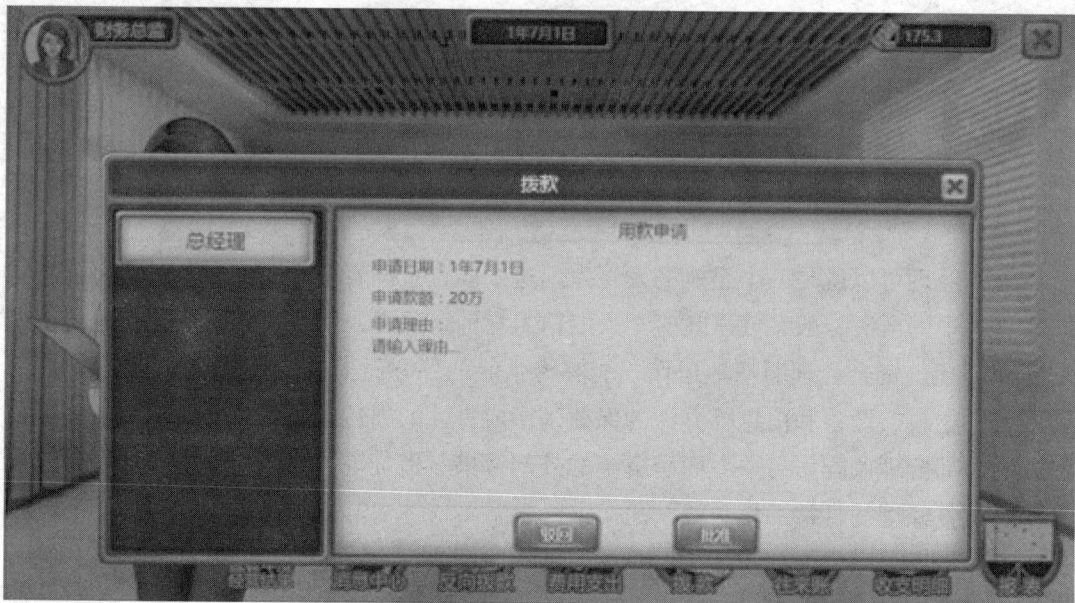

图 8-2　拨款界面

注意：如某个岗位的申报没有进行"批准"或者"驳回"操作，当前岗位无法进行二次申报。

8.1.2　（富余资金）反向拨款

如果某个部门所拥有的资金过多，会产生浪费，同时也影响其他部门的资金周转。此时财务经理可以在如图 8-3 所示界面中进行资金的反向调拨，将这部分富余的资金拨回财务部。

8.1.3　费用支出的操作

需要主动缴纳的费用会在系统的有关界面中显示出来，财务经理需要在指定的时间段内对有关费用予以支付。费用支出的操作界面如图 8-4 所示。

财务经理需要定期到上述界面中对每项应缴费用进行手动缴纳，不能忘记，否则会产生违约损失。

注意：（1）各项应缴费用由系统在每月的 1 日自动计算生成，相应的支付操作在当月 1 日到 30 日期间都可以进行。

（2）到了年底仍然未交的应缴费用，系统会自动进行清缴。

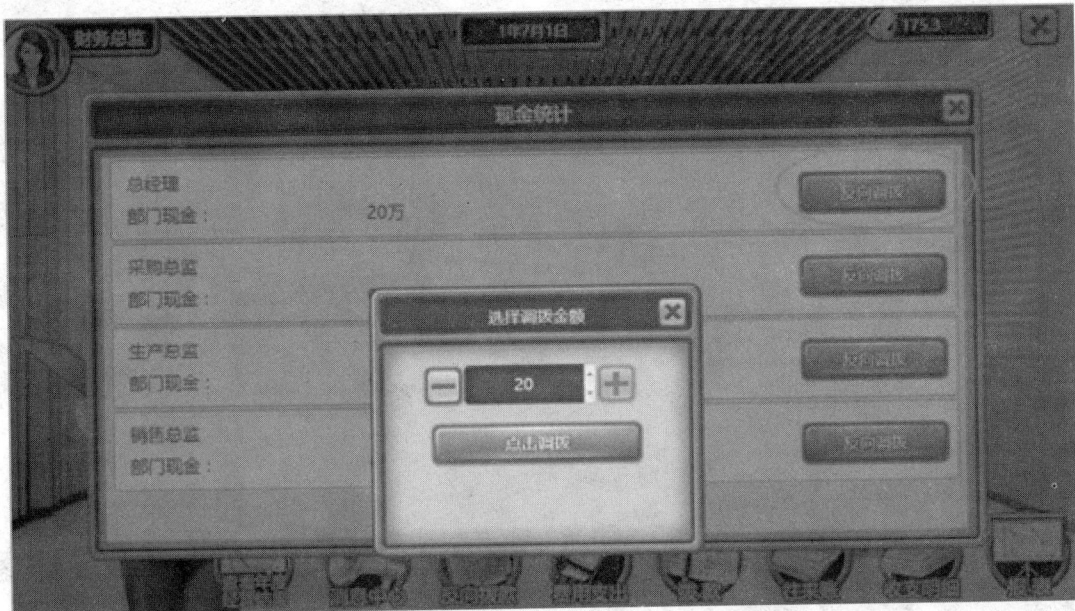

图 8-3 反向拨款界面

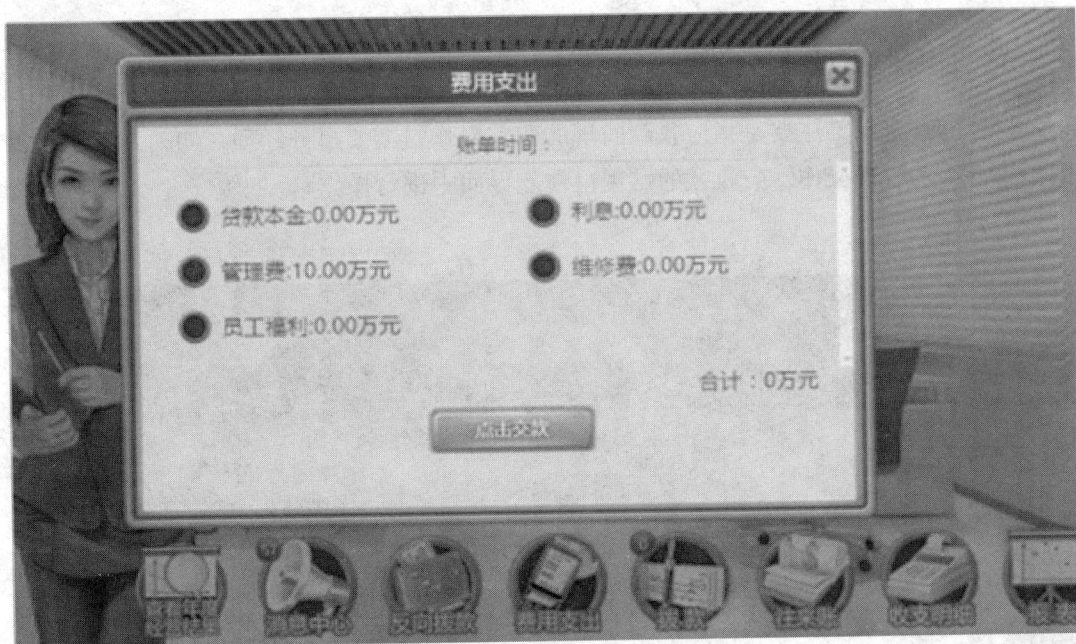

图 8-4 费用支出操作界面

8.1.4 收支和贷款明细的查看

如图 8-5 所示，财务经理可以在此界面查看"收支明细"和"贷款明细"。财务经理可以在此界面中查看所有岗位的各项资金流向和贷款的时间、金额以及利息等。

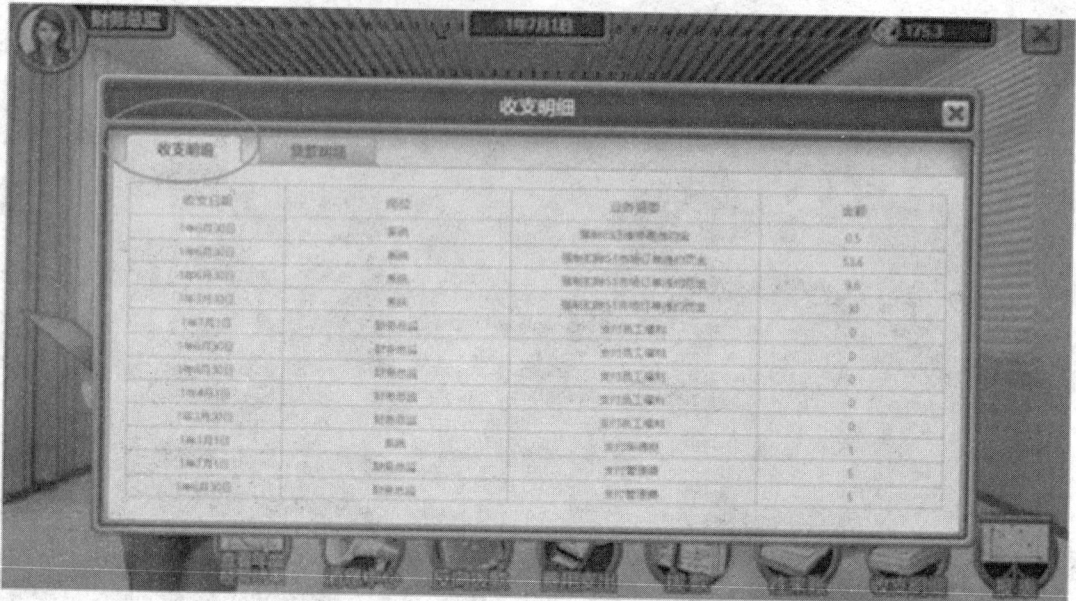

图 8-5　收支明细和贷款明细界面

8.1.5　往来账（应收 / 应付）

这里的往来账，主要是指应收款收现的有关操作，需要财务经理在如图 8-6 所示界面中进行手动收现操作。应收款的贴现也在此界面中进行操作。

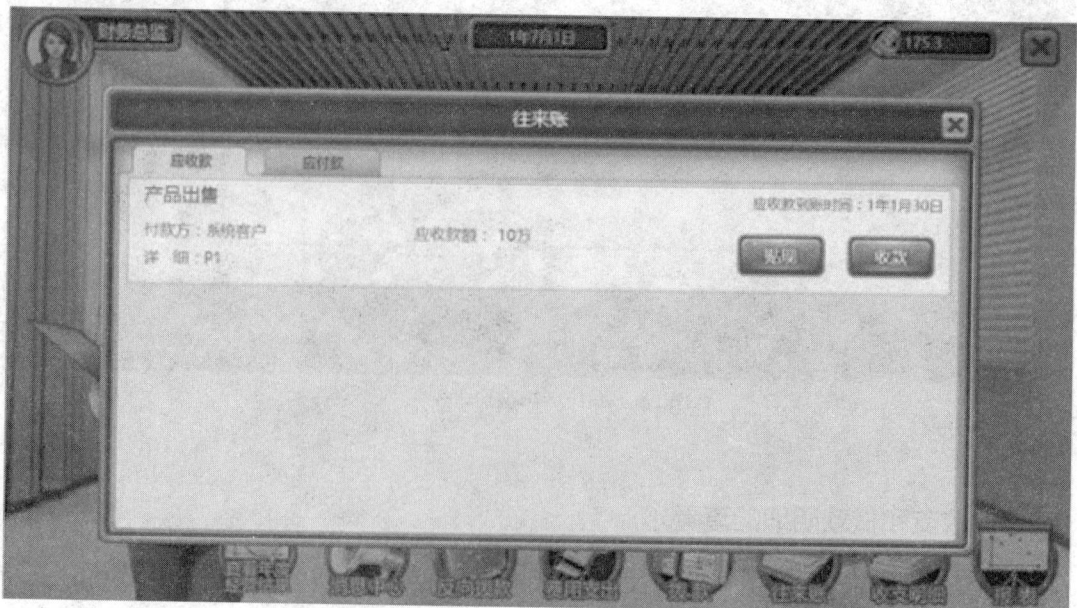

图 8-6　往来账界面

136

8.2 财务经理任务及有关规则

8.2.1 财务经理任务清单

财务经理在本模拟系统经营中的主要任务见表 8-1。

表 8-1 财务经理任务列表

序号	运行期	任务
1	年初	参加订货会
2	全年	岗位现金申请审核并拨款
3	年中	贷款申请
4	年中	每月支付费用（包括到期贷款和利息）
5	年中	提取应收款
6	年中	应收款贴现
7	年中	资金调配（反向拨款）
8	年中、末	填制财务统计报表
9	年末	审核年度报表并上报
10	全年	查询经营详情

当然，这些职责只是偏重系统操作层面而言，就广泛的意义来讲，财务经理的职责还有很多。

8.2.2 贷款类型及贷款方式

贷款是企业获取资金的重要来源。对于本模拟系统来说特别重要。贷款的类型及有关规则见表 8-2。

表 8-2 贷款类型及有关规则

贷款类型		长贷	短贷
额度计算倍数		3	3
利息违约容忍期 / 天		30	30
还款违约容忍期 / 天		25	25
利息违约金比例		0.1	0.1
还款违约金比例		0.1	0.1
利息 CSD	减数 1	0.1	0.1
利息 CSD	减数 2	0.2	0.2

续表

贷款类型		长贷	短贷
还款 CSD	减数 1	0.1	0.1
	减数 2	0.2	0.2

注：1. "长期借款"：是指企业向银行借入的期限在一年以上（不含一年）的各项借款。企业可在年中任何日期申请长期贷款，贷款期通常 2 年到 5 年（包含 2 和 5 年），每满一年即付利息，到期一次付息还本。

2. "短期借款"：是指企业向银行借入的期限在 1 年以内（含 1 年）的各项借款。企业可在年中任何日期申请短期贷款，贷款期通常 2 季到 1 年，到期一次付息还本。

3. "贷款额度"：上年权益 × 额度计算倍数（其中，上年权益额从上年"资产负债表"中提取）。

4. "贷款类型"：可以长短贷自由组合，但长短贷额度之和不能超出上年权益的 3 倍。

5. "贷款申请时间"：各年正常经营的任何日期（不包括"年初"和"年末"）。

6. 贷款金额的选择：贷款是以套餐方式提供，套餐中规定了每份套餐的具体参数，如 2 季短贷套餐，一份 10 万元，使用期为 2 季（90 天 / 季），贷款利息为年息 5% 等。

7. 贷款 / 利息的还款：系统每月 1 日提供本月到期贷款和利息的账单，但不提供具体到期日的信息（可以在"收支明细"查询具体到期日期），正常还款和还利息应该在贷款到期或者利息到期日之前（包括到期日当天）操作，否则将进入容忍期，及发生违约金和 CSD 减值。

8. 还款和利息可以在应还日期的当月提前操作。

9. 如果当月应还贷款进入容忍期（即违约未还），则不能进行贷款操作（不论是否还有额度）。换言之，每月只有贷款账单总额为零时，方能申请贷款，如有应还贷款额，则必须先还款，再申请新的贷款。

注意：申请贷款时，输入申请改套餐的份数，如 10 份，总贷款量即为 10 份 ×10 万元（套餐金额）= 100 万元。

8.2.3　应收款和应收款贴现

应收款贴现是取得应急资金的一种渠道，特殊情况下会采用此种形式筹集资金。应收款贴现的有关规则见表 8-3。

表 8-3　应收款贴现规则

贴现费用率	贴现期 / 天
0.05	30
0.1	60
0.15	90
0.2	120

注：1. 应收款是企业应收但未收到的款项。

2. 应收账期是从确认应收款之日到约定收款日的期间。

3. 贴现是指债权人在应收账期内，贴付一定利息提前取得资金的行为。不同应收账期的贴现利息不同。

注意：贴现期 30 天的贴现率 0.05，是指含 30 天以内的贴现率均为 0.05，60 天为大于 30，且小于等于 60 天的贴现率。

8.2.4　应交费用计算和缴纳

财务人员应及时缴纳相关各项费用，以避免发生不必要的扣款和信誉方面的损失。应交费用的计算和缴纳规则见表 8-4。

表 8-4　应交费用的计算和缴纳规则

费用类型	管理费	维修费	折旧	所得税
算法	固定常数	生产线原值 × 费用比例	（生产线原值 – 残值）/ 折旧年限	（当年权益 – 纳税基数）× 费用比例
计算值（万元）	5	计算	计算	计算
费用比例	1	0.1	0	0.2
扣减资源	现金	现金	生产线净值	现金
计算时间	每月 1 日	每月 1 日	每月 1 日	每年年末
是否手工操作	是	是	系统自动扣除	是

注：1. 每月 1 日，系统按照表中规定的计算方式，自动计算出本月应交的费用项，分别显示在当月应交费用表内，财务经理人员应及时查看并进行处理。

2. 利息和银行还款也被列在本费用表中一并处理，有关支付的相关规则见贷款规则。

3. 费用支付有系统自动扣减和手动支付两种：

①自动扣减项：在当月计算后，系统自动执行支付（如所得税和折旧）；

②手动支付项：在本月的任何日期，先手动选择费用项，单击"支付"按钮执行支付，被选定的费用项全额支付。

4. 如果费用项有特定的支付日期（如某生产线维修费 × 日为到期日），则需要选择在到期日之前（包括到期日当日）支付，否则按违约处理。换言之，本月内的到期的费用可以选择提前支付。

5. 如果某种费用支付截止日之前未完成该支付操作，则该项目会被记为违约费用，需要额外计算违约金（违约金＝费用本金 × 违约比例），此时显示的应支付费用即为费用本金＋违约金。

6. 如果本月费用没有在 30 日前（包括 30 日）支付，将合并到下月费用中。但上月未交费用为违约未交付状态，并按照设定的违约金比例，计算违约金，违约金将被合并到下月费用中。

7. 如果容忍期内仍然没有完成支付，系统将强制扣除违约的费用及违约金，并按照表 8–5 的规则，扣减全市场的 CSD 值，并记为失误操作。

8. 本年 12 月份，将对本年的所有费用进行强制清缴：

① 12 月份的所有费用的容忍期到期日调整为 12 月 29 日；

② 12 月 30 日即对所有未交费用进行强制扣除处理，并按照表 8–5 中 CSD 减值 1，CSD 减值 2 扣减所有市场的 CSD，记录操作失误。

表 8-5　费用违约判罚规则

费用明细	管理费	所得税	折旧	维修费	基本工资	员工福利
是否扣减全部市场 CSD	否	是	否	是	否	否
违约金比例	0	0	0	0.1	0	0
违约容忍期 / 天	30	30	30	30	30	30
CSD 减数 1	0	0	0	0.1	0	0
CSD 减数 2	0	0	0	0.1	0	0
是否记录失误	是	是	是	是	是	是

8.2.5　财务经理报表

财务经理应填报相关的报表。具体包括的项目见表 8–6。

表 8-6　财务经理报表

资金项目	金额	目标表表项
管理费		（费用表）管理费（第 1 项）
设备维修费		（费用表）设备维修费（第 2 项）
转产及技改		（费用表）转产及技改（第 3 项）
基本工资		（费用表）基本工资（第 10 项）
培训费		（费用表）培训费（第 11 项）
*财务费用		（利润表）财务费用（+）（第 9 项）
本年折旧		（利润表）折旧（+）（第 5 项）
违约罚金合计		（利润表）营业外收支（−）（第 9 项）
现金余额		（资产负债表）现金（第 1 项）
应收账款		（资产负债表）应收账款（第 2 项）
应付账款		（资产负债表）应付账款（第 14 项）
长期贷款余额		（资产负债表）长期贷款（第 12 项）
短期贷款余额		（资产负债表）短期贷款（第 13 项）
股东资本		（资产负债表）股东资本（第 17 项）
所得税		（利润表）所得税（第 11 项）

特别提示：表中所有数据均按正数填写。

注：1."管理费""设备维修费""转产及技改"：是全年支付的总和。

2."基本工资""培训费"：是人力资源支出的操作工人的费用，每月 1 日在系统账单中列支，可以通过现金支出查询全年总和。

3."财务费用"：是特指本年的"贷款利息""利息违约金"，还贷"本金违约金"和"贴现息"四项之和。

4."折旧"：本年提取的生产线折旧合计，数据来源于本年消息通知有哪条生产线发生过折旧，然后查询生产线类型，计算出提取的折旧额。

5."违约罚金合计"中违约罚金包括：①维修费违约；②管理费违约；③代工收货违约；④税款违约金；⑤租金违约金；⑥处理财产损失（注：财产损失是出售生成线的资产损失，即资产损失 = 生产线价值 − 累计折旧 − 残值）。

6."所得税"：此项需要根据本年的权益合计计算是否需要交税而定。操作方法如下：

①不填写所得税提交报表，上报"财务岗统计表"生成了资产负债表后，取"权益合计项"数值；

②计算"应纳税额" = 当前"权益合计" − "上一次缴纳所得税的权益合计"（或称纳税基数）；

③比较：如果"应纳税额" > 0，则计算所得税 = "应纳税额" × 所得税比率如果"应纳税额" < 0，所得税 = 0（不缴所得税）；

④再次填报"所得税"：用计算出的所得税值填报，再次上报；重新生成公司经营报表后，完成岗位报表。

8.2.6　银行

财务经理可以到银行从事贷款事宜，有不同的银行和不同的贷款方式可供选择。有关操作可参照图 8-7 所示界面。

注意：

（1）这里显示贷款金额短贷为 10 万元，长贷为 20 万元，是指每份的额度，即如果短贷 1 份，实际贷款额为 10 万元。

（2）右下角可以查看已贷额度和可贷额度。

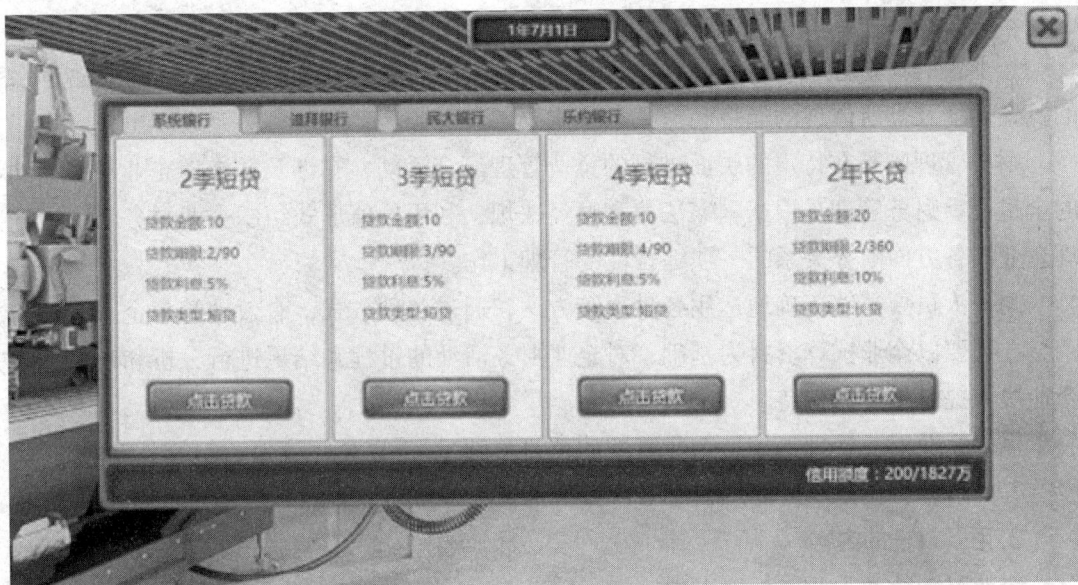

图 8-7 贷款有关操作示意图

8.3 财务经理应掌握的知识和技能

8.3.1 财务经理应掌握的知识

1. 资金循环流程图

以制造企业为例，说明资金循环的基本流程。如图 8-8 所示。

资金通过投入或负债进入企业，然后由采购、生产、销售等过程使用，并形成货币资金、储备资金、生产资金、成品资金等状态。固定资金通过折旧变成生产资金，还有货币资金通过工资等方式变成生产资金，成品库存通过成功的销售变成货币资金又循环回来。

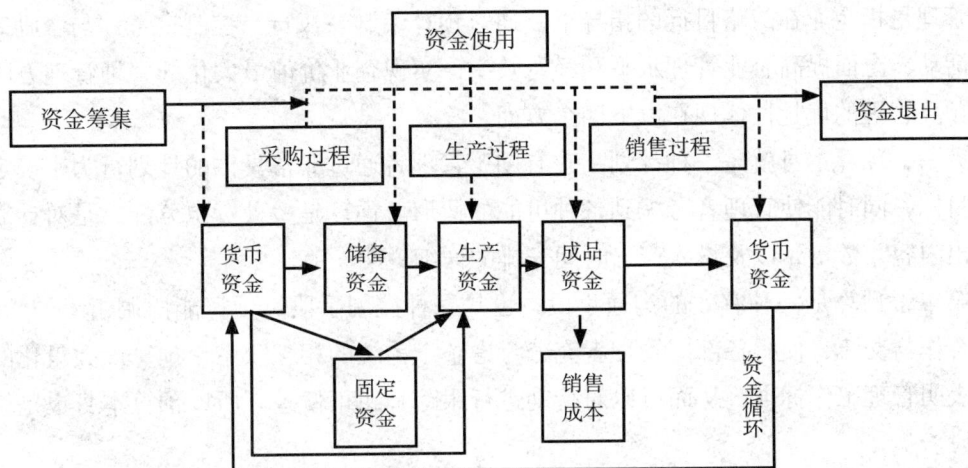

图 8-8 资金循环流程图

2. 财务管理的意义

企业中的"财务"二字是有特定含义的，具体是指企业在生产经营过程中客观存在的资金运动及其所体现的经济利益关系，主要通过财务活动与财务关系表现出来。

财务管理则是在特定的层面进行的企业管理经济活动，它涉及并渗透企业经济活动的全过程。财务管理是根据国家法律和财经法规，利用价值形式组织企业财务活动，处理企业同各方面财务关系的一项综合性的管理工作。

财务人员要能够正确地运用各种决策方法，通过各种方式，有效地筹集企业所需的资金。还要以企业核算资料为基础，对企业财务活动的过程和结果进行分析和评价，为企业决策提供重要的支持。

做好企业财务管理工作是企业管理的重要基础，对于提高经济效益起着关键的作用。没有好的财务管理是不可能经营好一个企业的。

3. 财务管理的内容

企业财务管理主要包括以下内容。

第一，资金筹集。这是企业财务管理的一项基本内容，是企业资金运动的出发点。

第二，资金运用。包括资金的投放、耗费和资金回收的整个过程。

第三，资金分配。当企业的投资通过经营取得一定的收入时，就需要进行合理分配，如弥补生产耗费、缴纳各种税金等，得到的净利润，则属于企业的投资者。

第四，成本费用管理。企业要对生产经营过程中发生的成本费用进行有效的管理和控制，从而保证企业生产经营活动的最终成果，实现预期的目标利润。

财务管理活动中还要注意到一些基本的原则，如要保全资本金，实现价值最大化，风险与收益保持均衡，资金配置要合理等。

4. 预算管理

企业预算管理是现代企业管理的重要组成部分，对企业的发展起着举足轻重的作用。预算管理是指企业在战略目标的指导下，通过预算编制、执行、控制、考评与激励等一系列活动，全面提高企业管理水平和经营效率，实现企业价值最大化的一种管理方法。

预算管理的优越性体现在以下四个方面。

第一，预算本身就是一种计划。它有助于管理者通过非常具体的计划行为来确定可行的目标，同时能使管理者考虑到各种可能的情形。预算是一种资源分配，是对计划投入产出内容、数量，以及投入产出时间安排的详细说明。

第二，预算是一种有效的沟通手段，也是一种控制手段。预算能协调组织的活动，促进合作与交流，使得各部门管理者充分考虑整个系统的相互联系；预算以数量化的方式来表明管理工作标准，从而可以对行动进行跟踪和纠正偏差。所以预算本身也是控制的手段。

第三，预算是体现企业业绩的一种好模式。通过预算管理各项目标的预测、组织实施，能促进企业各项目标的实现，同时在预算执行过程中还有可能对员工产生出激励效应。因为员工都可以知道每个人的任务指标，完成情况等，这对于员工来说会产生出激励作用。

第四，预算是一种预测。它是对未来一段时间内收支情况的预计，预算执行者可以根据预测到的数据进行分析，对可能存在的问题、环境变化的趋势，采取措施预做准备，调整偏差，实现目标。

本模拟系统的训练中同样需要深入细致的预算过程，当然我们说的预算不是严格意义上的财务预算。大到设备的投资、资金整体周转的测算，小到原材料采购、生产周期的计算，无一不体现出预算的重要性。可以说，不进行深入的预算是不可能在市场竞争中取得胜利的。

5. 短期资金和长期资金的筹集管理

企业的资金主要分为长期资金和短期资金，需要以不同的方式进行筹集。

短期资金指占用时间在一年以内的一个营业周期内的资金。短期资金筹集的特点是筹资速度快、容易取得；筹资富有弹性；筹资成本较低；筹资风险高于长期筹资等。短期资金的筹集方式主要有短期借款和商业信用。

长期资金的占用时间则更长。它具有筹资数额大、影响时间长、发生次数较少、资金成本较高等特点。长期资金主要按以下方式进行筹集：获取投资、发行普通股票或债券、长期借款、融资租赁等。

通过长期和短期贷款取得资金是本模拟系统所采用的主要筹资方式。

6. 流动资金的管理

流动资金是流动资产的货币表现，它是企业运营所必需的资金。没有了它，就如同一艘船没有水的托浮，就无法航行。具体来讲，流动资金就是企业垫付在材料、能源、备品备件和低值易耗品等方面及准备用于支付员工工资和其他费用方面的资金。显然，作为一个企业，保证足够的流动资金是非常重要的一项工作，是财务经理所必须注意的问题。

流动资金在周转中表现为储备资金、生产资金、成品资金、货币资金、结算资金等占有形态，它的作用是保证生产经营的周转。它每经过一个生产周期就完成一次循环，资金被瞬间地占用然后释放，再占用，如此周而复始的循环。这是流动资金的主要特点。

流动资金管理会涉及现金管理的问题，也就是说企业管理者需要在资产流动性和盈利性之间做出抉择，怎样才能获取最大的利润。

另外，还要确定最佳现金持有量，既要能满足企业日常业务的需要，又要能最大限度地减少因持有现金而丧失的潜在收益。最佳现金持有量可采用成本分析模式和随机模式来确定，这是现金收支管理的重点内容之一。

此外，应收账款管理、存货管理等也都是资金管理中必须要处理好的基本问题。本模拟系统中也会经常发生流动资金不足的问题，是不是一味地去贷款？怎样才是真正意义上的现金管理良好状态？这是我们需要思考的问题。

7. 固定资产管理

固定资产是企业的劳动手段或者基础。固定资产是指使用期限超过 12 个月，单位价值在规定标准以上，并且在使用过程中保持原有物质形态，而其价值却逐步转移到产品之中去的资产，包括房屋及建筑物、机器设备、运输设备、工具器具等。固定资产一般分为生产用固定资产、非生产用固定资产、租出固定资产、未使用固定资产、不需用固定资产等。

首先，企业经营过程中应根据生产任务、经营规模、生产经营发展方向，在对市场需求情况做出科学预测并制定出相应生产能力规划的基础上，正确确定固定资产的需要量，然后筹集资金，合理购置固定资产。

其次，要正确计提折旧，这是保证固定资产投入再生产的前提。

最后，要注意技术革新的最新动态，适时采用或更新最先进的设备或器具等。

8. 利润管理

利润是企业经营者的生产经营活动所产生的最终财务成果。简单来说，企业的利润是由各类收入减去总成本与其他支出，扣除各类税金后的余额。

按照我国企业会计准则的规定，企业的利润一般包括营业利润、投资净收益、营业外收支净额三部分，利润总额 = 营业利润 + 投资净收益 + 补贴收入 + 营业外收入 – 营业外支出

而净利润也就是税后利润，是指企业缴纳所得税后形成的利润。企业主要依据利润管理来进行利润分配。

净利润 = 利润总额 – 应交所得税

企业经营就是要增加利润，降低成本，而增加利润的途径主要有以下几种。

（1）不断挖掘潜力，通过科学管理手段提高生产效率。

（2）通过提高产品品质、降低废品实现利润的增长。

（3）科学合理地管理库存，降低各类相关费用。

（4）加强营销力量，努力扩大销售额。

9. 企业筹资的基本原则与方式

前文讲过企业筹资主要有短期筹资和长期筹资两种形式。在现代企业的市场竞争中，企业不可能只靠自有资金来维持生产运营，那么正确选择融资方式就非常重要。企业所处的环境各不相同，所选择的融资方式也有很大的差异，只有采取适合企业自身发展的筹资渠道和融资方式才能够取得好的效果。

为了有效地筹集企业所需的资金，企业应该遵循以下基本原则。

（1）筹资规模要适当。企业的资金需求量是随时发生变化的，财务经理要认真分析

企业各方面的需求情况和长远发展规划，采用一定的科学方法进行预测，确定出合理的筹资规模。

（2）要把握好资金的时间价值。财务主管要熟悉资金时间价值的原理和计算方法，以便根据资金需求情况，在适当的时间获取适当的资金数额。

（3）要合理控制筹资成本。一方面要选择好适当的资金来源渠道和资金市场，另一方面还要认真研究不同筹资方式条件下的资金成本。需要对各种筹资方式进行分析和对比，选择经济可行的筹资方式。

而融资方式主要有两种，即内部融资和外部融资。前者是企业的留用利润作为资本来源；后者是通过把其他经济主体的储蓄转化为自己的投资。内部融资不需要支付利息或者股息，不会减少企业的现金流量，因此内部融资的成本要远远低于外部融资。因此，它自然是企业首选的一种融资方式。一般情况下，只有当企业利润较少，内部融资无法满足企业资金需要时，企业才考虑外部融资。

10. 财务报表管理

财务报表是反映企业或预算单位一定时期内资金、利润状况的会计报表。财务报表一般包括资产负债表、损益表、现金流量表或财务状况变动表、附表和附注。财务报表的编制主要是通过对日常会计核算记录的数据加以归集、整理来完成的。

财务报表的形式和内容是随着社会对会计信息披露程度越来越高的要求而不断发展和完善的。在此主要介绍以下几种财务报表。

（1）资产负债表。这是总括地反映会计主体在特定日期（如年末、季末、月末）财务状况的报表。

（2）利润表也称收益表、损益表。它是总括反映企业在某一会计期间（如年度、季度、月份）内经营及其分配（或弥补）情况的一种会计报表。

（3）现金流量表。这是以现金的流入和流出反映企业在一定期间内的经营活动、投资活动和筹资活动的动态情况，反映企业现金流入和流出的全貌的报表。现金流量表能够真实地反映一个企业的财务状况，有效地预测该企业未来的支付能力。

11. 企业资源计划（ERP）

企业资源计划（enterprise resource planning，ERP），是对制造资源计划（MRP Ⅱ）的更进一步发展。从本质上看，ERP仍然是以MRP Ⅱ为核心，但在设计理念、功能和技术上都超越了传统的MRP Ⅱ。它是面向整个供应链，在信息技术支持下，以系统化的管理思想为企业提供全方位计划和决策的管理平台。它跨越了传统的企业边界，从供应链的范围去优化企业的资源，重新整合了现代企业的运行模式，更好地满足了市场对企业合理调配资源的要求。它对于提高企业核心竞争力具有重要作用。

第一，ERP系统涵盖了企业内部管理的主要业务系统，主要是指财务、物流、生产计划、人力资源等核心模块。

第二,ERP 系统是一个在全公司范围内(特别是跨地域)应用的、高度集成化的系统。实现了所有数据在各业务系统之间的高度共享,所有源数据只需在某一个系统中输入一次,即可保证全部数据的一致性。

第三,可以通过 ERP 系统对公司内部业务流程和管理过程进行优化,并使得主要的业务流程实现自动化。

12.财务报表分析

财务报表分析是通过对财务报表的数据进行分析研究,发现企业经营管理中可能存在的问题和隐患,并对企业过去的财务状况、经营成果及未来前景做出一定评价。财务报表分析主要包括会计报表分析、财务比率分析和预算分析。

而财务分析的方法主要有比较分析、趋势分析、因素分析和比率分析四种。比较分析是将实际与计划相比,或者是本期与上期相比,也可以是与同行业的其他企业相比。趋势分析是为了揭示财务状况和经营成果发生了什么变化,查明原因,为未来指出方向。因素分析是分析几个相关因素对某一财务指标的影响程度,一般要借助于差异分析的方法。比率分析则往往是在比较分析和趋势分析方法的基础上进一步进行财务比率的分析。在实际工作当中,比率分析方法应用最广。

目前,在许多财务分析软件里一般都设置了绝对数分析、定基分析、对比分析、环比分析、结构分析和趋势分析等专门的分析功能,可以从经营者、债权人和投资者等多角度进行分析。轻松地完成对财务数据的加工整理工作,迅速准确地得到有用的信息,为决策提供依据。

8.3.2 财务经理应掌握的技能——固定资产折旧方法

固定资产折旧指的是一定时期内为弥补固定资产损耗,按照核定的固定资产折旧率提取的折旧,它反映了固定资产在当期生产运营过程中转移到产品中的价值部分。

各类企业的固定资产折旧是指实际计提并计入成本费中的折旧费。企业计提固定资产折旧的方法大体有两大类四种:即直线法(包括年限平均法和工作量法)和加速折旧法(包括年数总和法和双倍余额递减法)。企业所采用的折旧方法不同,计提折旧额相差会很大。

企业计提固定资产折旧是按月进行的。当月增加的固定资产,当月不计提折旧,从下月起计提折旧;当月减少的固定资产,当月仍计提折旧,从下月起停止计提折旧。提足折旧后,不管能否继续使用,均不再提取折旧;提前报废的固定资产,也不再补提折旧。

企业应当合理选择固定资产折旧方法。常用的折旧方法有年限平均法、工作量法、双倍余额递减法和年数总和法等。

(1)年限平均法可参照以下公式:

年折旧率=[(1-预计净残值率)/预计使用寿命(年)]×100%

月折旧率＝年折旧率 /12

月折旧额＝固定资产原价 × 月折旧率

（2）工作量法可参照以下公式：

单位工作量折旧额＝固定资产原价 ×（1 −预计净残值率）/ 预计总工作量

某项固定资产月折旧额 = 该项固定资产当月工作量 × 单位工作量折旧额

（3）双倍余额递减法可参照以下公式：

年折旧率＝ 2/ 预计使用寿命（年）×100%

月折旧率＝年折旧率 /12

月折旧额＝每月月初固定资产账面净值 × 月折旧率

（4）年数总和法可参照以下公式：

年折旧率＝ {[（预计使用寿命−已使用年限）/ 预计使用寿命]×[（预计使用寿命
+1）/2]}×100%

8.4　财务经理职责任务点评

财务经理是企业的大管家，应该在有关人员和部门的配合下，为企业的正常运营提供充足的资金，合理利用资金。在本模拟竞赛的过程中，财务经理既要会精打细算，同时又要会算大账，具备迅速匡算的能力，针对随时变化的情况马上为总经理决策提供所需要的数据支持，财务管理工作对个人业务能力的要求是相当高的。此外，财务经理还要完成相关的年度报表并做出相应的财务分析。

附录 A

2018 年北京市职业院校技能竞赛
规则与评分标准

2018 年北京市职业院校
技能竞赛规程与评分标准

职业教育创新发展类 "大学生创业模拟技能比赛" 赛项
技能竞赛规程、评分标准及选手须知

一、竞赛内容

"大学生创业模拟技能比赛" 赛项技能竞赛内容包括了解双创过程，创新创业激发、建立创业意识、拓展创业思路，提升对创业各个环节与关键点的把握能力，采用新道科技股份有限公司开发的约创云平台。竞赛全面考察选手的首创精神、创新意识、创业能力、冒险精神、独立工作能力以及社交和管理团队合作能力以及选手职业素养。

样题见附件。

二、竞赛方式

本赛项为 4 人小组赛，根据岗位要求分工合作。

每个赛场设约 15 个机位，1 个参赛队 1 个机位，每个机位 5 台电脑（其中 1 台电脑备用，比赛时要处于开机状态）。赛场数和机位数根据参赛队报名数确定。

三、竞赛时量

竞赛时量：425 分钟

每个参赛小组连续从事四个会计年度的经营活动，每个会计年度的经营活动包括广告投放、订单获取 35 分钟，企业运营 60 分钟，报表制作 10 分钟，其中第一年包括经营规划 5 分钟，具体时间安排见表 A-1。

表 A-1 竞赛时间表

经营流程	第一年	第二年	第三年	第四年
经营规划	5 分钟	0	0	0
广告投放、订单获取	35 分钟	35 分钟	35 分钟	35 分钟

续表

经营流程	第一年	第二年	第三年	第四年
企业运营：财务核算、产品研发、厂房生产线建设、采购、生产、市场开发、融资策略制订	60 分钟	60 分钟	60 分钟	60 分钟
报表制作	10 分钟	10 分钟	10 分钟	10 分钟
合计	110 分钟	105 分钟	105 分钟	105 分钟
总计	425 分钟			

四、名次确定办法

每个赛场分别按照竞赛成绩从高到低排序，依据赛场平衡原则分配获奖等次。成绩相同时，完成时间较短者名次列前；成绩和完成时间均相同时，所有者权益高者名次列前。

五、评分标准与评分细则

本赛项最终得分按 100 分制计分，其中所有者权益 96 分，报表 4 分（1 分 / 年）。

评分方式为机考评分，其中所有者权益部分由系统自动生成，裁判根据各队第四年末所有者权益排序给分，第一名 96 分，按照名次递减 3 分，第二名 93 分，依次类推；报表只考核"资产负债表"，每年"资产负债表"全部正确得 1 分，四年最多得 4 分。所谓全部正确是指"资产负债表"各项（除所得税外）与系统报表数据完全相同；考虑计算工具的误差，所得税项与系统数据允许误差 0.01。见表 A–2 和表 A–3。

表 A-2 评分表 1

评分项	分值	评分方法	审核方法	公布方法
所有者权益	96	以第四年末的所有者权益排名顺序确定分数	现场裁判审核	张榜公布
报表	4（1 分 / 年）	每年结束后裁判核对各参赛队资产负债表填写情况	参赛选手、现场裁判签字	

表 A-3 评分表 2

所有者权益排名	得分
1	96
2	93
3	90
4	87
5	84
6	81
7	78
8	75

续表

所有者权益排名	得分
9	72
10	69
…	…

注：以第四年末所有者权益排名得分为标准。

六、赛点提供的设施设备仪器（见表 A-4）

表 A-4　设备清单表

品名	规格要求说明
参赛选手计算机	CPU：E6600 以上；内存：4G；硬盘：320G；百兆网卡；操作系统：Microsoft Windows 7 操作系统，Office 2010，Chrome 浏览器，预装搜狗拼音和录屏软件
网络连接设备	提供网络布线、交换机
竞赛软件	新道约创云平台
相关工具	每个参赛队员配发草稿纸 6 张

七、选手须知

（一）选手自带工具清单

笔、无存储功能的计算器。

（二）主要技术规程及要求

本赛项无特别的技术规程与要求，具体操作流程在统一召开的省赛说明会上进行说明。

（三）选手注意事项

1. 竞赛前

（1）参赛选手应按有关要求如实填报个人信息，否则取消竞赛资格。参赛队员在报名获得审核确认后，原则上不再更换；如筹备过程中，队员因故不能参赛，需向组委会出具书面说明并按相关规定补充人员；竞赛开始后，参赛队不得更换参赛队员，允许队员缺席比赛。

（2）参赛选手报到时，每一参赛队的 4 名队员应按总经理、运营经理、生产经理、财务经理四个岗位确认角色，角色一经确定上报，不得更换。

（3）参赛选手应认真学习领会本次竞赛相关文件，自觉遵守大赛纪律，服从指挥，听从安排，文明参赛。

2. 进场

（1）参赛选手应提前 30 分钟抵达赛场，凭参赛证、学生证、身份证件检录，按要求入场，不得迟到早退。

（2）参赛选手应按抽签结果在指定位置就坐。

（3）参赛选手打开电脑，根据现场要求进入竞赛平台，在确认竞赛内容和现场设备等无误后，由裁判宣布比赛开始，各参赛队伍开始竞赛。

（4）参赛选手请勿携带电子设备、通信设备及其他资料与用品。

3.比赛中

（1）竞赛过程中，允许同队队员小声讨论，请勿大声喧哗；若不遵守规定，由裁判举黄牌警告，并扣1分；三次黄牌，则直接取消比赛名次、请出赛场。

（2）竞赛过程中，请勿使用微信、QQ等与赛项无关的软件和网页。

（3）竞赛过程中，如有疑问，参赛选手应举手示意，裁判应按照有关要求及时予以答疑。如遇设备或软件等故障，参赛选手应举手示意，裁判、技术人员等应及时予以解决。确因计算机软件或硬件故障，致使操作无法继续的，经裁判长确认，予以启用备用计算机。如遇身体不适，参赛选手应举手示意，现场医务人员按应急预案救治。

（4）各参赛选手必须按规范要求操作竞赛设备。一旦出现较严重的安全事故，经裁判长批准后将立即取消其参赛资格。

（5）比赛过程中需使用录屏软件进行全程操作录制，参赛选手在竞赛过程中不得关闭录屏软件，所有争议以录屏文件为准，作为仲裁依据。

（6）比赛过程中如果涉及恶意行为，则按照相应行为进行处罚，处罚判断以现场裁判核定为准：

①恶意扰乱市场秩序，即某张订单全数选取或选取量超过实际产能1倍，且订单发生违约或取消情况，则直接取消比赛名次、请出赛场；

②恶意影响原料市场平衡，即一次性订购原材料数量超过自身当年产能所需原材料，且未进行收货操作，则直接取消比赛名次、请出赛场。

4.比赛结束

（1）竞赛时间终了，选手应全体起立，结束操作，签字确认成绩后方可离开赛场。

（2）在竞赛期间，未经执委会的批准，参赛选手不得接受其他单位和个人进行的与竞赛内容相关的采访。参赛选手不得将竞赛的相关信息私自公布。

（3）如对裁判员的执裁有异议，选手可以立即提出复核，复核不超过2遍。

附录 B

"大学生创业模拟技能比赛"赛项样题

一、竞赛规则

（一）通用运行规则

1. 分岗协同运行模式

"大学生创业模拟技能比赛"赛项采用团队协同方式运行，各岗位在线上独立操作，并行作业，各司其责，公司依靠各岗位的协同运作，完成所有经营运作活动。

2. 模拟经营的虚拟日期

模拟运行以一年为周期运行，每年 12 个月，每月 30 天，共计 360 天。与自然日 24 小时不同，虚拟日期的长短是可以调整的。模拟运行时，我们只在虚拟日中完成业务（交易）有关的操作，特别需要注意日期变化的间隔时间，当日的操作一定当日完成。

在模拟运行年的操作中，又将运行过程分成 3 个时段，分别为年初、年中（1 月 1 日－12 月 30 日）和年末，其中年初和年末，单独给时间，不在 360 天之中。所以，整个模拟运行过程为：

年初时段：用于订货会和市场资质的研发投资；

年中时段：采用 12 月虚拟运行时段，每月 30 天，共计 360 天；

年末时段：用于总结及汇总报表。

3. 交易违约、容忍期、违约金

模拟运行中对外的交易活动（或业务）必须在规定的时间内完成，如产品销售订单必须在规定的交货日期前交货，原料订货必须在到货日期提货入库等。

凡是在规定日期没有完成业务操作的事件都视为违约事件。

处于违约状态的事件，在之后一定时段内仍然可以进行操作，这个时段称之为"容忍期"。"容忍期"内，公司仍可继续履约，但须承担违约金，并扣减客户满意度（详见表 B-3CSD 增减值数据表）。如果超过"容忍期"仍未进行操作的业务，系统即刻强制执行，不同的事件按以下操作处理：

（1）涉及订单的业务，撤销订单，强制扣除违约金，并扣减客户满意度（详见表 B-3CSD 增减值数据表）；

（2）涉及资金支付的业务，强制支付应付项的本金及违约金，并扣减客户满意度（详见表 B-3CSD 增减值数据表）。

注意："容忍期"内处理业务扣减的客户满意度 CSD 值，和"容忍期"后强制扣除的客户满意度 CSD 值是不一样的，后者会扣减得更多。

4. 企业知名度和客户满意度

（1）企业知名度是公众对企业名称、商标、产品等方面认知和了解的程度。企业知名度分市场计算，各公司在一个市场中的企业知名度排名，决定该市场订单分配的先后顺序。

（2）客户满意度（简称 CSD）是客户期望值与客户体验的匹配程度。客户满意度与公司运行行为的优劣关联，即每项业务的操作或是对 CSD 产生增值的效应，或者是对 CSD 产生减值的效应。

CSD 的变化计算公式：某市场的 CSD 量化值＝市场当前 CSD 值＋市场 CSD 增值－CSD 减值

其中，增值的条件见表 B-1，减值的条件见表 B-2。

CSD 增值每年末自动计算一次；CSD 减值计算实时进行。详见表 B-1~ 表 B-3。

表 B-1　CSD 增值计算项

类别	CSD 影响因素	影响范围	计算方式
CSD 增值	交货无违约	单一市场	常量
	市场占有率	单一市场	计算值
	贷款无违约	全部市场	常量
	付款收货无违约	全部市场	常量

注：常量可查询表 B-3 CSD 增减值数据表。

表 B-2　CSD 减值计算项

类别	CSD 影响因素		影响范围	减值结果
CSD 减值	订单违约交单	容忍期内完成	单一市场	详见表 B-3 CSD 增减值数据表
		强制执行		
	还贷及利息违约	容忍期内完成	全部市场	
		强制执行		
	付款收货违约	容忍期内完成	全部市场	
		强制执行		
	支付费用违约	容忍期内完成	全部市场	
		强制执行		

表 B-3　CSD 增减值数据表

序号	动作	岗位	本地 CSD	区域 CSD	国内 CSD	亚洲 CSD	国际 CSD	容忍期	违约金比例	CSD 增减值
1	交货无违约	系统	+	+	+	+	+	无	无	0.2

续表

序号	动作	岗位	本地CSD	区域CSD	国内CSD	亚洲CSD	国际CSD	容忍期	违约金比例	CSD增减值
2	市场份额	系统	+	+	+	+	+	无	无	计算
3	贷款无违约	系统			+			无	无	0.2
4	付款收货无违约	系统			+			无	无	0.2
5	订单违约交单	销售	—	—	—	—	—	30	0.3	−0.3
6	取消订单强制扣除违约金	销售							0.3	−0.4
7	长期贷款延迟还款违约	财务			—			20	0.1	−0.1
8	强制扣除应还长贷及违约金	财务			—			20	0.1	−0.2
9	长期贷款利息延迟支付违约	财务			—			30	0.05	−0.1
10	强制扣除长贷利息及违约金	财务			—			30	0.05	−0.2
11	短贷延迟还款违约	财务			—			25	0.15	0.2
12	强制扣除应还短贷及违约金	财务			—			25	0.15	0.35
13	短贷利息延迟支付违约	财务			—			20	0.05	−0.2
14	强制扣除短贷利息及违约金	财务			—			20	0.05	−0.35
15	原料订单延迟收货违约	采购			—			30	0.1	−0.1
16	取消原料订单强制扣违约金	采购			—			30	0.1	−0.2
17	代工延迟收货违约	生产			—			30	0.2	−0.2
18	取消代工订单并强制扣除违约金	生产			—			30	0.2	−0.3
19	零售市场出售原料未能履约	采购			—			30	0.25	−0.3
20	零售市场出售产品未能履约	销售			—			30	0.25	−0.3
21	厂房租金延迟支付违约	总经理			—			30	0.1	−0.1
22	厂房租金及违约金强制扣除	总经理			—			30	0.1	−0.2
23	所得税违约	系统			—			30	0.1	−0.1

注：表中的 CSD 增减值数字为参考数据，具体增减数据以每次比赛或训练初始设置的数据为准。

（3）企业在某个市场中的知名度与该市场的广告和客户满意度有关，具体计算公式为：

某市场企业知名度的量化计算值＝该市场当前 CSD 值 ×（该市场当前年战略广告 × 第 1 年有效权重＋上年战略广告 × 第 2 年有效权重＋前年战略广告 × 第 3 年有效权重）＋该市场当前的促销广告

（注：广告和各年有效权重见"广告规则"）

（4）操作失误及操作失误率。每个岗位应在要求的时间点（或时间内）完成操作，否则会影响到经营的结果。凡是这类未按时完成且影响经营结果的操作，视为"失误"操作。每个岗位的经营操作都被系统记录，如果该动作为失误操作，则系统记录"失误"一次。

每年末，系统自动统计操作失误率，即：本年操作失误率＝本年操作失误次数 ÷ 本年全部操作次数。

（5）经营成果评分规则。每年经营结束，系统自动以排名表的形式测评经营成果。经营成果包括三个指标，"当前净利""当年权益"和"经营评分"。"当年净利"和"当年权益"值由系统自动从当年的资产负债表提取；经营评分根据经营活动质量指标和当前权益进行综合计算，其计算公式为：

第 x 年的经营评分 ＝（当年 CSD 总值－第 1 年操作失误率－第 2 年操作失误率－……当年的操作失误率）× 当年权益

其中，"CSD 总值"是各市场的 CSD 值的合计；

第 x 年的操作失误率＝第 x 年的操作失误数 / 第 x 年的总操作数。

（二）岗位运行任务及规则

1. 总经理任务

（1）总经理的操作权限见表 B-4。

表 B-4　总经理操作权限表

序号	运行期	任务
1	年初	市场开发投资
2	年初	ISO 认证开发投入申请
3	年初	促销广告
4	年初	参加订货会，获取订单
5	年中	岗位经费申请
6	年中	战略广告投放
7	年中	购买厂房
8	年中	租用厂房
9	年中	产品研发投资
10	年中	购买商业情报

（2）市场规则见表 B-5。

表 B-5　市场规则表

市场资质	开发总期数 / 年	每期投资额 / 万元	说明
本地	1	10	
区域	1	10	
国内	2	10	
亚洲	3	10	
国际	4	10	

市场开发须在年初进行投资，完成全部投资后，系统将自动授予该市场的市场准入资质，获得资质的当年，可以进入该市场申请产品订单。

市场开发可在任何年度开始，开发期间，可以暂停投资，但不允许加速投资。

（3）销售类型划分。

销售类型分为订货、零售和拍卖。

订货销售是以订货会的形式举行，各公司按系统订货规则获得全年的订单；

零售销售是每季度均可在零售市场中根据市场价格进行销售产品和原料，交易过程由系统自动完成（无须市场准入），直接收入现金；

拍卖销售是以销售方发布确定的数量、价格和账期销售信息（当季有效），经买方确定后成交。

（4）ISO 认证规则见表 B-6。

表 B-6　ISO 认证规则表

市场资质	开发总期数 / 年	每期投资额 / 万元	说明
ISO 9000	2	10	
ISO 14000	3	10	

ISO 资质只能在每年年初按照规则进行投资，累计完成投资总期数后，系统自动颁发 ISO 资质。

ISO 资质认证可在任何年度开始，认证期间，可以暂停投资，但不允许加速投资。

拥有 ISO 认证的公司，在所有市场的订货会中，在所有市场中具有获取指定了 ISO 9000 或 ISO 14000 的订单，反之，则不能获取这类订单。

（5）产品研发规则见表 B-7。

表 B-7　产品研发规则表

产品标识	研发期	单期天数 / 天	每期投资额 / 万元
P1	1	60	10
P2	3	60	10
P3	4	60	10
P4	5	60	10
P5	6	60	10

必须获得生产资格证后，才能开工生产产品。

产品资格研发在年中任意日期均可按规则分期投资，研发期间，可以暂停投资，但不允许加速投资。累计完成规则确定的研发期和投资总额后，系统自动颁发生产资格证书。

（6）厂房规则见表 B-8。

表 B-8　厂房规则表

厂房编号	线容量（条）	购买价/万元	年租金（万元/年）	折旧	出售账期/天	违约金比率	租金滞纳容忍期/天
1	4	200	40	0	120	0.1	30
2	4	200	40	0	120	0.1	30
3	4	200	40	0	120	0.1	30
4	4	200	40	0	120	0.1	30

厂房获取方式有购买和租用两种，可在年中任意日期进行购买和租用。厂房租用到期后可进行续租或租转买。

已购厂房的处理方式有"买转租"和"出售"两种方式，空置厂房（其中没有任何生产线）可按购买价格出售，但必须按照"出售账期"的应收账款回收资金；仍有设备的已购厂房只能进行"买转租"的处置。

2.销售采购总监任务

（1）销售总监任务见表 B-9。

表 B-9　销售总监任务表

序号	运行期	任务
1	年初	参加订货会，获取订单
2	年中	季度预支经费申请
3	年中	销售订单交货
4	年中	订购原料
5	年中	到货入库，支付原料货款
5	年中	零售市场出售产品或原材料
6	年中	零售市场购买产品或原材料
7	所有运行期	商业情报查询

（2）广告规则见表 B-10。

表 B-10　广告规则表

广告类型	投放时间	市场	广告效应延迟时间	广告基数	第1年有效权重	第2年有效权重	第3年有效权重
战略广告	每季度	分市场投放	3年	投入该市场有效战略广告总和	60	30	10
促销广告	每年订货会前	分市场	当年有效	该市场的促销广告总和	100	0	0

广告是企业用于提升市场知名度的一种手段，分为战略广告和促销广告两类。

促销广告只有在年初订货会申请订单前分市场投放，用于当年订货会期间的本市场知名度提升。

战略广告可在年中任意日期进行投放，用于提升企业长期知名度；在投放后的三年内，对企业知名度的影响效应各年权重不同。

（3）订单相关规则。订货会是每年年初企业分市场集中获取订单的过程，选单顺序依企业知名度排名确定。

订货会按照下述过程进行。

①可依系统公布的各市场企业知名度排名，投放促销广告以提升本公司的知名度。

②当促销广告投放停止后，公司可以在各产品订单中确定所需的产品数量并提交。在申请期间，所有市场、所有产品同时申请，系统以企业最后一次申请确定的产品数量为准。

③系统依据企业知名度排名依次分配各公司所需订单数量，系统仅提供两次订单分配机会。

④企业获取的同类订单系统自动合并。

⑤所有订单必须在订单规定的交货日期前，按照订单规定的数量交货，订单不能拆分交货。

⑥交货完成后的日期是应收账期的起点日期。

（4）情报规则见表 B-11。

表 B-11　情报规则表

序号	规则名称	价格 / 万元	跟踪时间 / 天	跟踪企业数
1	情报规则	4	30	1

（5）原料采购规则见表 B-12。

表 B-12　原料采购规则表

供应商	原料	采购价格 / 万元	采购提前期 / 天	保质期 / 天	违约金比例	保质处理提前期 / 天	违约容忍 / 天
系统供应商	R1	10	50	540	0.1	30	30
	R2	10	50	540	0.1	30	30
	R3	10	100	540	0.1	30	30
	R4	10	100	540	0.1	30	30

原料采购须按规则提前下订单，货到付款；每一种原料都有质保期，质保期以到货日期开始计算，原料必须在质保期内使用，逾期报废处理，系统自动清空，损失计入营业外支出。

（6）原料现货处理见表 B-13。

表 B-13　原料现货处理表

序号	商品标识	市场出售单价 / 万元	市场收购单价 / 万元	出售质保期 / 天	交货期 / 天
1	R1	25	5	50	0
2	R2	25	5	50	0
3	R3	25	5	50	0
4	R4	25	5	50	0

①原料现货采购。企业急需原料时，可在原料零售市场，按照市场出售价格采购，按先到先得顺序，现款现货，原料的质保期为 50 天。

②原料库存处理。如需库存原料变现，可在原料零售市场，按照市场收购价格进行交易，收回现款；也可以在拍卖市场挂牌出售（挂单的原料订单可以全部或部分出售），按照挂牌的价格以现金进行交易。拍卖挂出的订单只在挂出的季度有效。

3. 运行总监任务

（1）任务清单见表 B-14。

表 B-14　运行总监任务清单表

序号	运行期	任务
1	年初	参加订货会
2	年中	岗位现金申请
3	年中	新建生产线
4	年中	转产 / 技改生产线
5	年中	状态推进（完工入库）
6	年中	上线预配准备
7	年中	确定代工订单
8	年中	代工产品收货，支付代工费
9	所有运行期	商业情报查询

（2）生产线规则见表 B-15。

表 B-15　生产线规则表

生产线	手工线	自动线	柔性线
购买总价 / 万元	50	150	200
安装期	0	3 阶段（240 天）	4 阶段（360 天）
安装阶段天数 / 天	0	80	90
阶段投资额 / 万元	50W	50W	50W

生产线	手工线	自动线	柔性线
生产周期 / 天	2	1	1
单期生产天数 / 天	90	90	90
残值（变卖）/ 万元	5	15	20
技改周期 / 天	20	20	20
技改费用 / 万元	20	20	20
技改次数上限 / 次	2	1	1
转产周期	0	2 阶段（30 天 / 阶段）	0
阶段转产成本 / 万元	无	20	无
折旧周期 / 天	360	360	360
折旧年限 / 年	6	6	6
维修费 / 万元	5	15	20
操作工人总数 / 人	3	2	2
必有初级以上人数 / 人	0	0	0
必有中级以上人数 / 人	0	1	0
必有高级以上人数 / 人	0	0	1

①安装期与安装阶段：安装期指生产线的全部安装时间，安装阶段是指全部安装期过程中分阶段进行的单一阶段时间。

②生产线购买总投资额 = 安装期 × 单期投资额。

③生产线开始投资建线时，需要确定该生产线生产的产品种类，当生产线建成后拥有该产品的生产资质，方可开工生产。

④生产过程按照"生产周期"推进，每期必须进行"推进"操作，方能进入下期生产；最后一期生产到期后，执行"推进"操作，才能完工下线，产品入库，否则一直处于"加工中"的状态。每个"生产周期"的天数，由"单期生产天数"决定，产品的加工天数 = 生产周期 × 单期生产天数。

⑤技改：技改指对安装完成的生产线所进行的减少生产周期天数的操作，单次技改的提升比例为初始额定值的 10%，初始的"生产周期天数" × 技改提升比例，即技改后的生产周期天数 = 90 天 −（90 × 0.1）= 81 天。

⑥生产线开工条件：取得该生产线确定的产品生产资格后，生产线须根据生产线类型、产品进行预配置操作（预配置可以在任何时间进行，不受生产线状态的限制，年底所有生产线的待产区将被清空）相应工人及原料到待产区，方可进行生产。

⑦转产：如生产线需生产该生产线之前所确定以外的其他产品，需进行生产线转产，转产期该生产线必须保持空置状态，并进行相应的投资，方可完成转产操作。

⑧折旧：生产线建成 360 天内不计提折旧，建成第 361 天计提第一次折旧，第 721 天计提第二次折旧，依次类推，折旧额 =（生产线总价值 − 生产线残值）/ 折旧年限。

（3）产品结构见表 B-16。

表 B-16　产品结构表

产品	R1	R2	R3	R4
P1	1	0	0	0
P2	1	1	0	0

产品	R1	R2	R3	R4
P3	0	2	1	0
P4	0	1	1	2

①生产线须按上表产品 BOM 清单规定将原料和加工费一并投入方可生产，构成产品的原材料不能相互替换。
②原料出库按照先进先出原则出库。
③产品材料成本根据出库原料批次成本计算，人工费用按照该生产线配比的操作工种人数的费用计算。

（4）代加工规则见表 B-17。

表 B-17　代加工规则表

产品标识	代工单价（含材料费）	交货期 / 天	承接数量 / 件	违约金比例	违约容忍期限 / 天
P2	50	30	12	0.2	20
P3	70	35	7	0.2	20
P4	90	40	6	0.2	20
P5	103	45	4	0.2	20

①所有代加工订单只能委托系统代工厂加工，不能组间私自交易。
②代加工产量不同时间段有限供应，以系统提供的数量为准。
③交货期从下单日开始计算，实施收货操作同时支付加工费用方可完成交易。

4. 财务总监任务

（1）财务总监操作任务见表 B-18。

表 B-18　财务总监操作任务表

序号	运行期	任务
1	年初	缴纳所得税费
2	年初	参加订货会
3	年中	岗位现金申请审核并拨款
4	年中	贷款申请
5	年中	还贷款利息及本金
6	年中	提取应收款
7	年中	应收款贴现
8	年中	支付各种费用
9	年末	编制年度报表
10	所有运行期	岗位现金反向拨款

①贷款额度：按规则规定企业所能获得的最大贷款金额。
②贷款期：每种贷款可使用期限。
③贷款利息：按照贷款总量的比例收取利息，贷款利息一般按照年来确定利息比例，称为年利率。
④可贷额度：企业当期能从银行借到的最大资金。

（2）贷款类型及贷款方式见表 B-19。

表 B-19　贷款类型及贷款方式表

序号	贷款类型	额度计算倍数	还款方式	利息违约容忍期/天	还款违约容忍期/天	利息违约金比例	还款违约金比例	利息CSD减数1	利息CSD减数2	还款CSD减数1	还款CSD减数2
1	长贷	3	每年付息到期还本	30	20	0.05	0.1	0.1	0.2	0.1	0.2
2	短贷	3	到期还本付息	20	25	0.1	0.15	0.1	0.2	0.1	0.2

①贷款额度：上年权益 × 额度计算倍数（上年权益额从上年"资产负债表"提取）。
②贷款类型：可以自由组合，但长短贷额度之和不能超出上年权益的 3 倍。
③贷款申请时间：各年正常经营的任何日期（不包括"年初"和"年末"）。
④长期借款：是指企业向银行借入的期限在一年以上（不含一年）的各项借款。企业可在年中任何日期申请长期贷款，贷款期通常 2 年到 5 年（包含 2 年和 5 年），每满一年即付利息，到期一次付息还本。
⑤短期借款：是指企业向银行借入的期限在 1 年以内（含 1 年）的各项借款。企业可在年中任何日期申请短期贷款，贷款期通常 2 季到 1 年，到期一次付息还本。
⑥系统每月 1 日提供本月到期贷款账单，只有贷款账单总额为零时，方可申请贷款，如有余额，则需提前还款将本月到期贷款账单清零后，方可申请贷款。

（3）应收款和应收款贴现规则见附表 B-20。

表 B-20　应收款和应收款贴现规则表

序号	贴现费用率	贴现期/天
1	0.05	30
2	0.1	60
3	0.15	90
4	0.2	120

①应收款是企业应收但未收到的款项。
②应收账期是从确认应收款之日到约定收款日的期间。
③贴现是指债权人在应收账期内，贴付一定利息提前取得资金的行为。不同应收账期的贴现利息不同。
注意：贴现期 30 天的贴现率 0.05，是指含 30 天以内的贴现率均为 0.05，60 天为大于 30，且小于等于 60 天的贴现率。

（4）应交费用计算规则见表 B-21。

表 B-21　应交费用计算规则表

序号	费用类型	计算基数类型	计算值/万元	费用比例	扣减资源	计算时间	是否手工操作
1	管理费	固定常数	5	0	现金	每月 1 日	是
2	维修费	生产线原值 × 费用比例	计算	0.1	现金	每月 1 日	是
3	折旧	（生产线原值 - 残值）/折旧年限	计算	0	生产线净值	每月 1 日	系统自动扣除
4	福利费	基本工资总额 × 费用比例	计算	0.1	现金	每月 1 日	是

续表

序号	费用类型	计算基数类型	计算值/万元	费用比例	扣减资源	计算时间	是否手工操作
5	所得税	(当年权益 - 纳税基数)×费用比例	计算	0.25	现金	每年年末	是
6	增值税	销售额 × 费用比例	计算	0.17	现金	每月1日	是（本版无）
7	附加税	增值税 × 费用比例	计算	0.05	现金	每月1日	是（本版无）

①每月1日，系统按照表中规定的计算方式，自动计算出本月应交的费用项，分别列示在当月应交费用表内。

②利息和银行还款也被列在本费用表中一并处理，支付的相关规则见贷款规则。

③费用支付有系统自动扣减和手动支付两种，自动扣减为当月计算后，系统自动执行支付（如所得税和折旧），手动支付由手动选择后执行支付。

④手动缴费项可以在本月任何时间操作。

⑤如果费用有指定支付日期（如生产线维修费必须在16日前支付，可以选择在16日之前，支付该笔费用，否则按违约计算）。换言之，本月内的费用可以选择提前支付。

⑥本年结束时，系统将自动对本年所有应交但未交的费用进行清缴，并按容忍期外的强制扣除处理，结清当年所有费用。

（5）应交费用扣除规则见表B-22。

表B-22　应交费用扣除规则表

序号	费用明细	是否扣减全部市场CSD	违约金比例	违约容忍期/天	CSD减数1	CSD减数2	是否记录失误
1	管理费	否	0	30	0	0	是
2	所得税	是	0.1	30	0.2	0	是
3	增值税	是	0.1	30	0.2	0	是
4	折旧	否	0	30	0	0	是
5	维修费	否	0	30	0	0	是
6	基本工资	否	0	30	0	0	是
7	员工福利	否	0	30	0	0	是

①当月所有费用应在每月30日前手工选择支付。

②如果在规定时间内没有支付，可以在容忍期内继续支付，但要按此规则计算违约金。

③所有过期并在容忍期内的费用和违约金，与下月正常支付的费用合并计算，手动选择支付全部，如果在容忍期内完成支付：第一，违约的费用连同违约金一起支付；第二，按CSD减数1扣减规定市场中的CSD；第三，记录操作失误。

④超过容忍期仍未支付的费用和违约金，在容忍期后的第一天，由系统强制扣除费用和违约金，并按CSD减数2扣减规定市场的CSD，记录操作失误。

⑤本年结束时，将对本年的所有费用进行强制清缴，即12月未交的费用将按照违约强制扣除，并按照CSD减值2扣减规定市场的CSD，记录操作失误。

二、竞赛初始状态

1. 财务初始状态

（1）当前资金见表B-23。

表B-23　当前资金表

现金	288	长期贷款	200	短期贷款	0
应收账款	0		应付账款		

（2）当前贷款见表 B-24。

表 B-24　当前贷款表

贷款类	贷款量	起贷时间	到期时间	利息	利息违约金	还款违约金
长贷	200	00-11-03	04-11-03	20	2	20

2. 厂房初始状态

厂房初始状态见表 B-25。

表 B-25　厂房初始状态表

编号	状态	开始使用日期	购买价	租金
1	购买	2016 年 1 月 10 日	200	
2	空闲			
3	空闲			
4	空闲			

3. 生产线初始状态

生产线初始状态见表 B-26。

表 B-26　生产线初始状态表

线号	线型	产品标识	建成日期	生产线原值	累计折旧	状态	当前期	生产速度	到期日
1001	手工	P1	00-03-01	50	0	在产	2/2	90	01-03-05
1002	手工	P1	00-04-02	50	0	在产	1/2	90	01-01-11
1003	手工	P1	00-06-10	50	0	在产	1/2	90	01-03-15
1004	空置								
2001	空置								
2002	空置								
2003	空置								
2004	空置								
3001	空置								
3002	空置								
3003	空置								
3004	空置								
4001	空置								
4002	空置								
4003	空置								
4004	空置								

4. 库存初始状态

（1）产品库存见表 B-27。

表 B-27　产品库存表

产品库存	P1	P2	P3	P4	P5
数量	3				
价值	66				

（2）原料库存见表 B-28。

表 B-28　原料库存表

原料库存	R1	R2	R3	R4
数量	3			
价值	30			

5. 资质初始状态

资质初始状态见表 B-29。

表 B-29　资质初始状态

资质名称	研发状态	当前研发期	当前研发开始	本期完成时间
P1	完成	1/1	00-01-05	00-03-05
P2	未开发			
P3	未开发			
P4	未开发			
P5	未开发			
本地市场	研发中	1/1	00 年初	01 年初
区域市场	未开发			
国内市场	未开发			
亚洲市场	未开发			
国际市场	未开发			
ISO 9000	未开发			
ISO 14000	未开发			

注：研发状态 1/1 表示：当前研发期 / 总研发期。

6. 在制品初始状态

在制品初始状态见表 B-30。

表 B-30　在制品初始状态表

生产线	线型	产品	操作工人数			原料件数					制造成本 / 万元		
			初级	中级	高级	R1	R2	R3	R4	其他	原料	人工	总计
1001	手工	P1	3			1					10	12	22
1002	手工	P2	3			1					10	12	22
1003	手工	P3	3			1					10	12	22

7. 操作工初始状态

操作工初始状态见表 B-31。

表 B-31　操作工初始状态表

类别	空闲人数	待岗人数	培训人数	上岗人数	基本工资标准	当前计件工资标准
初级	39			9	0	4
中级	32			0	0	5
高级	20			0	0	6

8. 客户满意度及企业知名度初始状态

客户满意度及企业知名度初始状态见表 B-32。

表 B-32　客户满意度及企业知名度初始状态

市场	当前广告影响值	去年广告影响值	前年广告影响值	促销广告影响值	CSD 总值	知名度值
本地市场	12	0	0	0	10	120
区域市场					10	
国内市场					10	
亚洲市场					10	
国际市场					10	

9. 上年报表

（1）费用表见表 B-33。

表 B-33　费用表

项目	金额 / 万元	备注
管理费	60	12 个月的管理费
广告费	20	本地市场战略广告
设备维护费	0	
转产及技改	0	
租金	0	
市场准入投资	10	本地市场资质（10）
产品研发	10	P1 产品资质（10）
ISO 资格投资	0	
信息费	0	
培训费	0	
基本工资	0	
合计	100	

（2）销售统计表见表 B-34。

表 B-34　销售统计表

项目	P1	P2	P3	P4	P5	合计
数量	0	0	0	0	0	0
销售收入	0	0	0	0	0	0
销售成本	0	0	0	0	0	0

（3）利润表见表 B-35。

表 B-35　利润表　　　　　　　　　　　　　　　　　　　单位：万元

项目	本年数
销售收入	0

续表

项目	本年数
直接成本	0
毛利	0
综合费用	100
折旧前利润	−100
折旧	0
支付利息前利润	−100
财务费用	0
营业外收支	0
税前利润	−100
所得税	
净利润	−100

（4）资产负债表见表 B-36。

表 B-36 资产负债表   单位：万元

资产	期初数	期末数	负债和所有者权益	期初数	期末数
流动资产			负债		
现金	700	288	长期负债	0	200
应收款		0	短期负债	0	0
在制品		66	应付账款	0	0
成品		66	应交税金	0	0
原料		30	一年内到期的长期负债	0	0
流动资产合计	700	450	负债合计	0	200
固定资产			所有者权益		
土地和建筑		200	股东资本	700	700
机器与设备		150	利润留存	0	0
在建工程		0	年度净利	0	−100
固定资产合计		350	所有者权益合计	700	600
资产总计	700	800	负债＋权益总计	700	800

10. 当前经营评分

当前经营评分见表 B-37。

表 B-37 当前经营评分表

排名顺序	队名	当年利润	当年权益	经营评分
1	×××	−100	600	30000

三、各年经营指标预测

各年经营指标预测见表 B-38。

表 B-38　各年经营指标预测表

年度	当年利润	当年销售额	当年资产负债率	当年速冻比率	当年操作失误率
1					
2					
3					
4					
5					
6					

注：每年经营前，需要将本表数据填写好上交，比赛结束后，系统将自动计算实际发生数据与预测数据误差比例。

经营结束后，计算各指标 6 年的平均误差比例数，按照下列标准得分：

标准：误差 5% 以内：20 分

5%~10%　18 分

10%~15%　16 分

15%~20%　14 分

20%~25%　12 分

25%~30%　10 分

30% 以上的　5 分

将所有指标的得分相加，得到预测准确度的分数。

最后评分：以经营评分为最终得分，如果分数相同，则比较预测准确度的得分确定比赛的名次。

四、市场预测图

本赛题的市场预测图是预先发布的。如图 B-1 所示。

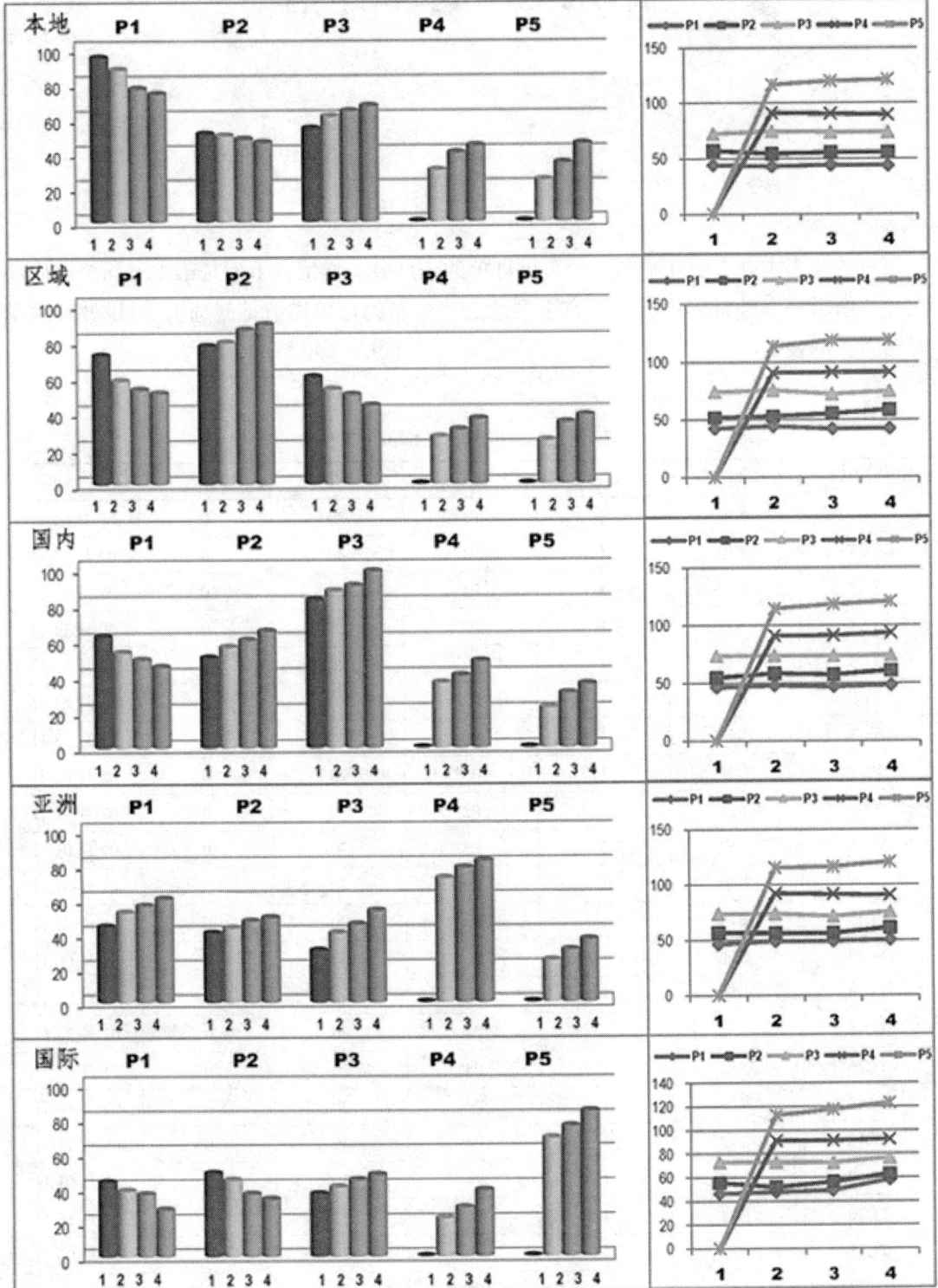

图 B-1 市场预测图

附录 C 订单详情

有的赛事主办方会在赛题中公布出订单的（部分）详情。下面是第十五届全国职业院校"新道杯"沙盘模拟经营大赛全国总决赛公布的订单详情（截选）。可供教师教学时参考。见表 C-1。

表 C-1 订单详情（无数量和价格）

市场订单编号	市场标识	年度	产品标识	应收期 / 天	IOS 标识	交货期
YC1	本地	1	P1	30	0	07 月 01 日
YC2	本地	1	P1	30	0	07 月 01 日
YC3	本地	1	P1	26	0	07 月 23 日
YC4	本地	1	P2	20	0	09 月 11 日
YC5	本地	1	P2	20	0	12 月 11 日
YC6	本地	1	P2	30	0	07 月 01 日
YC7	本地	1	P2	20	0	12 月 23 日
YC8	本地	1	P2	25	0	08 月 01 日
YC9	本地	1	P2	30	0	07 月 21 日
YC10	本地	1	P3	30	0	07 月 01 日
YC11	本地	1	P3	20	0	11 月 07 日
YC12	本地	1	P3	20	0	11 月 22 日
YC13	本地	1	P3	24	0	08 月 06 日
YC14	本地	1	P4	30	0	07 月 22 日
YC15	本地	1	P4	30	0	07 月 21 日
YC16	本地	1	P4	20	0	11 月 13 日
YC17	本地	1	P4	20	0	09 月 14 日
YC18	本地	1	P4	30	0	08 月 11 日
YC19	本地	1	P4	30	0	08 月 01 日
YC20	本地	1	P5	22	0	07 月 16 日
YC21	本地	1	P5	20	0	11 月 03 日
YC22	本地	1	P5	30	0	08 月 11 日
YC23	本地	1	P5	20	0	10 月 09 日

续表

市场订单编号	市场标识	年度	产品标识	应收期/天	IOS标识	交货期
YC123	本地	3	P2	48	ISO9000	03月15日
YC124	本地	3	P2	20	ISO9000	08月30日
YC125	本地	3	P2	20	0	09月13日
YC126	本地	3	P2	44	ISO9000	04月09日
YC127	本地	3	P2	23	ISO14000	08月14日
YC128	本地	3	P3	20	0	11月26日
YC129	本地	3	P3	20	0	11月05日
YC130	本地	3	P3	57	0	01月19日
YC131	本地	3	P3	58	0	01月14日
YC132	本地	3	P4	20	0	12月01日
YC133	本地	3	P4	59	ISO9000	01月04日

附录 D　实训基础课程视频目录

下面列出"约创"云平台上现已经发布的视频教学内容目录，供教学中参考使用：

第 1 章：起始年

课程概述

1. 企业模拟经营认知
2. 企业模拟经营流程（3-1）
3. 企业模拟经营流程（3-2）
4. 企业模拟经营流程（3-3）
5. 企业报表解读

通用规则说明

1. 分岗位协同合作
2. 虚拟日期 1 分钟
3. 企业知名度和客户满意度
4. 违约（金），容忍期
5. 操作失误率
6. CSD 增减明细规则
7. 评分规则
8. 评分规则

各岗位规则说明

总经理：

1. 销售类型，
2. 市场资质开发
3. ISO 认证
4. 厂房
5. 产品资质开发
6. 情报

财务经理：

1. 贷款规则
2. 应交费用管理
3. 缴费及强制扣费
4. 贴现

生产经理：

1. 生产线使用
2. 生产线预配
3. 人员配备
4. BOM
5. 代加工

销售经理：

1. 年初订货会
2. 零售市场
3. 订单管理
4. 产品交货
5. 原料订购

采购经理：

1. 原料订购
2. 原料现货处理

第 2 章：第 1 年运营

理论知识

1. 总经理——企业经管模拟
2. 总经理——企业资源计划

3. 总经理——企业战略管理

4. 财务总监——会计的本质资金循环流程图会计的目标

5. 财务总监——流动资产管理 现金应收存货

6. 财务总监——财务报表

7. 销售总监——市场营销环境

8. 销售总监——市场营销理论

9. 生产总监——新产品开发

分析点评

1. 企业经营循环

2. 企业经营本质

3. 负债经营

第3章：第2年运营
理论知识

1. 总经理——企业战略分析

2. 总经理——企业战略分析

3. 财务——会计要素，资产，负债，所有者权益

4. 财务——收入，费用，利润，会计等式

5. 财务——固定资产与折旧

6. 财务——预算及编制

7. 销售总监——目标市场选择及营销战略

8. 销售总监——广告策略

9. 生产总监——生产能力与生产计划

10. 生产总监——产品组合与产品生命周期

分析点评

1. 短期贷款与长期贷款

2. 了解市场

3. 市场细分和定位

4. 广告营销

第4章：第3年运营
理论知识

1. 总经理——胜任管理

2. 时间管理

3. 时间管理

4. 财务总监——股权筹资

5. 财务总监——债权筹资

6. 销售总监——品牌战略

7. 销售总监——市场营销管理

8. 销售总监——市场营销管理

9. 销售总监——竞争性市场营销管理

分析点评

1. 生产线选择

2. 内部运营评价

第5章：第4年运营
理论知识

1. 总经理——有效沟通

2. 财务总监——财务分析

3. 财务总监——成本管理

4. 生产总监——精益生产

5. 采购总监——库存管理

分析点评

科学管理规划

第6章：第5年运营
理论知识

1. 总经理——风险管理

2. 职业生涯规划

3. 财务总监——所得税

4. 财务总监——增值税

分析点评

1. 全面评价企业

2. 企业核心竞争

第 7 章：第 6 年运营

理论知识

1. 人力资源管理

2. 绩效管理

3. 职业生涯规划

分析点评

1. 全面预算管理

2. 管理信息化

参考文献

[1] 王振光，陈三保 . 创业家实务手册 [M]. 北京：清华大学出版社，2004.

[2] 德鲁克 . 创新与企业家精神 [M]. 北京：机械工业出版社，2007.

[3] 肖克奇 . 大学生就业与创业指导案例教程 [M]. 北京：北京交通大学出版社，2007.

[4] 陈敏 . 大学生创业设计 [M]. 上海：上海中医药大学出版社，2007.

[5] 戴建中 . 网络营销与创业 [M]. 北京：清华大学出版社，2008.

[6] 杨文士 . 管理学原理 [M]. 北京：中国人民大学出版社，2006.

[7] 吴中超 . 小企业经营管理 [M]. 北京：中国人民大学出版社，2009.

[8] 吕宏程 . 中小企业管理 [M]. 北京：中国农业大学出版社，2008.

[9] 陈企华 . 新开小公司必读 [M]. 北京：中华工商联合出版社，2006.

[10] 张超 . 基础会计 [M]. 上海：立信会计出版社，2007.

[11] 孙德林，黄林 . 创业管理与技能 [M]. 北京：经济管理出版社，2010.

[12] 姜彦福 . 创业管理学 [M]. 北京：清华大学出版社，2010.

[13] 郑煜 . 现代企业管理：理念、方法与应用 [M]. 北京：清华大学出版社，2011.

[14] 李启明 . 现代企业管理 . 4 版 [M]. 北京：高等教育出版社，2011.

[15] 吴忠平 . 现代企业管理 [M]. 北京：机械工业出版社，2011.

[16] 李闻一，胡永政 . 大学生创业教育与实践 [M]. 南京：南京大学出版社，2011.

[17] 郭建军 . 现代企业规范化管理体系：原理与实务 [M]. 北京：经济科学出版社，
    2012.

[18] 王丽平 . 微型企业创业管理实务 [M]. 北京：经济管理出版社，2014.

[19] 陈文汉 . 现代企业管理 [M]. 北京：中国电力出版社，2012.

[20] 张玉利，陈寒松 . 创业管理 [M]. 北京：机械工业出版社，2012.

[21] 王红梅 . 现代企业管理 [M]. 西安：西安交通大学出版社，2012.